Lost & Dark Places
Münsterland

Bergbaugebäude, Förderturm Zeche Westfalen in Ahlen (Kapitel 10)

Oliver Hübner

Lost & Dark Places
MÜNSTERLAND

33 vergessene, verlassene und unheimliche Orte

BRUCKMANN

↑ Heim für Mütter und Kinder: der Baumberger Hof (Kapitel 1)
↓ Natürliche Dachbegrünung auf dem alten Sanitätsdepot in Dülmen (Kapitel 14)
↘ Aussicht auf viel Grau: Altes Werk im Zementrevier bei Beckum (Kapitel 9)

INHALT

33 LOST & DARK PLACES

↑ Hier floss einst der Kanal: Schleusentor an der Emsbrücke (Kapitel 27)
↗ Einsam steht der Turm der Baumwollspinnerei Germania in Gronau-Epe (Kapitel 24).

VORWORT

Agrarisch geprägte Landschaft, Äcker, Weiden, Höfe, dazu gepflegte Orte und Städte mit Fachwerk- und Backsteinbauten, Kapellen am Wegesrand mit aufgeräumten Beeten und adrett gestutzten Hecken … Das ist das Münsterland. Am Ortsausgang verabschiedet einen das Schild auf Münsterländer Platt: »Guet goan!« – Mach es gut. Danke! Und in der Mitte der Region liegt die Universitätsstadt Münster.

Weite Teile des Münsterlandes sind flach, die Niederlande sind gleich um die Ecke. Doch gibt es auch einige Hügel, Berge gar mit Serpentinenstraßen und Almwiesen. Der Blick reicht aber nie wirklich weit, meist ist am Horizont eine Allee oder ein kleines Wäldchen zu sehen. Birgt diese harmonische und friedliche Landschaft auch Orte, die weniger gepflegt sind? Verlassene und verfallene

Altes Rittergut Ostendorf in der Nachbarschaft zum Zechenturm in Haltern-Lippramsdorf (Kapitel 17)

Orte? Oder gar unheimliche? Die gibt es tatsächlich. Auch wenn sie ihr Geheimnis nicht immer auf den ersten Blick preisgeben. Viele Geschichten und Sagen handeln in dieser katholischen Region vom Teufel und von Hexen. Eine einst reiche Textilindustrie hat ihre Spuren hinterlassen, auch die Bauindustrie an den großen Wasserstraßen, die sich durch das Münsterland ziehen, der Dortmund-Ems-Kanal und der Datteln-Hamm-Kanal. Im Süden, dort ist das Ruhrgebiet nicht fern, und ganz im Norden, in den Ausläufern des Teutoburger Waldes, gibt es zudem eine weithin sichtbare Bergbaugeschichte. All diese Epochen haben ihre Spuren – vor allem verlassene Gebäude – hinterlassen. Doch sind die Begehrlichkeiten, was die ungenutzten Flächen angeht, gerade in den Städten groß. Kasernen, die einst von britischen Truppen bewohnt waren, werden sehr schnell umgenutzt oder gar für Wohnungsbau oder Gewerbeflächen abgerissen und umgebaut. Dennoch gibt es einige sehenswerte Spuren, sowohl verlassene als auch unheimliche … und die stellt dieses Buch vor.

Die Uhr blieb stehen am alten Tor
der Emaille-Fabrik Nahrath in Ahlen (Kapitel 11).

VERHALTENSREGELN FÜR LOST PLACES

1. Behandeln Sie die Orte mit Respekt

Jedes Bauwerk und jedes Gebäude erzählt eine Geschichte aus vergangenen Tagen. Dies gilt es zu schützen. Und auch wenn es teilweise nicht so aussieht, aber jeder dieser Lost Places hat einen Eigentümer. Das sollte respektiert werden. Das beinhaltet vor allen Dingen, dass nichts zerstört oder gewaltsam geöffnet wird. Sind Fenster oder Türen verschlossen, sollte das auch so bleiben. Gehen Sie respektvoll mit dem Ort um.

2. Nehmen Sie nichts mit, lassen Sie nichts da

Wenn Sie etwas von einem Lost Place mitnehmen, und sei es noch so klein, ist es Diebstahl. Wie bereits in Punkt 1 gesagt, alle diese Orte haben einen Eigentümer. Daher gilt die Regel: Alles bleibt, wie es ist. Belassen Sie es bei den schönen Einblicken und Fotos, die Sie an dem Ort machen. Gleiches gilt auch umgekehrt: Lassen Sie nichts liegen. Keine Essensreste, keine Kaugummis, keine Kippenstummel.

3. Rauchen verboten

Das bringt uns zum nächsten Punkt: Rauchen verboten. Zollen Sie dem ehrwürdigen Ort Respekt und verzichten Sie für die Zeit, die Sie da sind, auf das Rauchen. Kippenstummel brauchen nicht nur 15 Jahre zum Verrotten (sie sollten übrigens nirgends achtlos weggeworfen werden), sondern können schnell ein Feuer verursachen.

4. Keine Graffiti

Dass Sie nichts hinterlassen sollen, gilt auch für Kunstwerke an den Wänden. Man sprüht einfach nicht auf fremdes Eigentum, sei es noch so schön. Lassen Sie die Wände wie sie sind, sodass auch noch Menschen nach Ihnen den Ort so erleben können, wie er früher einmal war.

5. Seien Sie vorsichtig

Vorsicht ist besser als Nachsicht. Das gilt vor allem bei Lost Places. Marodes Holz, verrostete Geländer, einsturzgefährdete Decken, lockere Böden (teilweise befinden sich noch Kellergeschosse darunter), eingeschlagene Fenster – die Liste der Gefahren solcher Orte ist lang. Seien Sie daher immer wachsam. Begeben Sie sich niemals in Gefahr für das eine Foto. Das ist es nicht wert. Treppen und obere Etagen sind eine gängige Gefahrenquelle. Schauen Sie sich den Zustand der Treppe und der Decke genau an. Nehmen Sie auch eine Taschenlampe für dunkle Räume und Keller mit.

6. Gehen Sie nicht allein

Es ist ratsam, immer mindestens zu zweit, besser noch zu dritt, einen Lost Place zu be-

Unheimlich im Wald:
Schießstand aus dem Zweiten Weltkrieg bei Bocholt (Kapitel 22)

Rapunzels Haar ergraute hier:
Ruine der Mühlen auf dem Klockenberg in Selm (Kapitel 15).

suchen. Da gilt die alte Regel: Ist eine Person verletzt, bleibt die zweite vor Ort und die dritte holt Hilfe. Zudem weiß man nie, wen man vor Ort trifft. Plünderer, Spinner und betrunkene Jugendliche sind auch oft in Lost Places anzutreffen. Da ist es beruhigender, nicht allein unterwegs zu sein.

7. Erregen Sie kein Aufsehen

Da viele Lost Places in Privatbesitz sind, gilt hier »Betreten verboten«. Auch, wenn das Tor angelweit aufsteht oder ein riesiges Loch im Zaun ist. An Orten, an denen das Zugangsrecht nicht ganz klar ist, ist es ratsam, sein Auto nicht direkt vor dem Gelände zu parken. Schauen Sie beim Betreten des Geländes auch immer, dass Sie niemand sieht. So vermeiden Sie unerwünschte Begegnungen und mögliche Konfrontationen mit der Polizei.

Ausrüstung

Wir empfehlen Folgendes:
- Festes Schuhwerk, hohe Socken (Schutz vor Zecken)
- Reißfeste Kleidung, gegebenenfalls eine leichte Regenjacke
- Kamera inkl. Zusatzakku, Speicherkarten, Stativ
- Proviant und Getränke (nehmen Sie aber alles wieder mit)
- Kopf- oder Stirnlampe für freie Hände
- Taschenlampe mit weitem Winkel für Keller und dunkle Räume
- Taschenmesser
- Aufgeladenes Handy (ggf. Powerbank)
- Notizblock und Stift
- Pflaster und Taschentücher für Verletzungen
- Mücken- und Zeckenspray

Gruselgeschichten mitten in der Stadt: der Sagenbrunnen in Emsdetten (Kapitel 28)

Einst Pracht der westfälischen Textilindustrie:
die Baumwollspinnerei Deutschland in Gronau (Kapitel 24)

1

VON VERLORENEN MÄDCHEN UND IHREN KINDERN

Der Baumberger Hof bei Nottuln

Jung, katholisch, ledig, Mutter ... diese Kombination wurde in den Nachkriegsjahren im Münsterland nicht gern gesehen. Für viele junge Frauen blieb deshalb nur das Mutter-Kind-Heim. Ein solches war der Baumberger Hof.

Adresse Baumberg 20, 48301 Nottuln, Kreis Coesfeld **GPS** 51.9601, 7.3841
Anfahrt Mit dem Auto über die A 43, AS Nottuln, oder A 1 bis Münster und über Landstraße

Bis 1986 Mutter-Kind-Heim, später Wohnstätte für Saisonarbeiter und Saal für Feiern – der Baumberger Hof

BERGIGES MÜNSTERLAND Die Landstraße zwischen Nottuln und Havixbeck verläuft geschwungen. Beinahe in Serpentinen geht es in das hügelige Gelände der Baumberge hinein. Der Name kommt nicht von ungefähr. Schon aus einiger Entfernung zeichnet sich die Höhenlage gegenüber dem ansonsten flachen Münsterland ab. Buchenwälder säumen den Weg, sogar einige Almwiesen. An einer engen Kurve liegt eine Landgaststätte, dann kommt eine Allee, und wenn man nicht genau aufpasst, ist man auch schon vorbei am Baumberger Hof. Ein altes Gebäude, ein Parkplatz mit Holzschuppen und moderne Anbauten, direkt an der Straße, der Vorgarten verwildert.

VOM AUSFLUGSLOKAL ZUM INTEGRATIONSPROJEKT In seiner Geschichte hat der Baumberger Hof mehrere Nutzungen erfahren. Zuletzt, bis ca. 2004, diente er als Unterkunft für deutsche und polnische Jugendliche in einem Integrationsprojekt der Otto-Bennecke Stiftung sowie für Landarbeiter. Der große Saal konnte auch für Feiern gemietet werden. Erbaut wurde der »Gasthof zu den Baumbergen« 1927 als Ausflugslokal für Wanderer. In der NS-Zeit erstand ein Textilfabrikant aus dem Ruhrgebiet das Gebäude und nutzte es als Erholungsheim für seine Angestellten, betrieb aber auch weiterhin ein Restaurant dort. Nach dem Krieg stand es kurzzeitig leer, bis 1946 eine Feuerwehrschule einzog. Doch schon im Sommer desselben Jahres fand es eine Nutzung als Säuglingsheim für die vielen verwaisten Kriegskinder sowie für junge Kriegswitwen und deren Kinder. Betrieben wurde das Heim vom Katholischen Fürsorgeverein für Mädchen, Frauen und Kinder Münster. Dessen Vorsitzende Agnes Plaßberg schrieb 1946 an die Vereinsmitglieder: »Und zwar wollen wir in der kommenden Woche doch den Baumberger Hof zwischen

Einst schöne Details, heute vergängliche Pracht

Nottuln und Havixbeck pachten. Wir haben jetzt den Plan, darin ein Säuglingsheim für wenigstens 60 Kinder einzurichten und dazu eine kleine Stillstation für 6–8 uneheliche Mütter, die wir jeweils 6 Wochen behalten wollen, so daß also wenigstens 50 mal im Jahr geholfen werden kann. […] Das Haus ist in ziemlich gutem Zustand und erfordert eine Jahresmiete von 3000 Mark.«

RATIONALISIERTER ALLTAG Das Haus war mit 20 großen und 52 kleinen Betten ausgestattet. Während des Jahres 1947 fanden 96 Säuglinge und 50 Mütter dort eine Unterkunft. Ab 1949 wurden auch viele weibliche Flüchtlinge aus den Ostgebieten mit ihren Kindern aufgenommen. Eine wichtige Rolle für das Heim spielte Reinhild Niehues, die ab 1955 die Einrichtung leitete. Offiziell achtete sie darauf, dass eine familiäre Atmosphäre entstand, etwa indem beispielsweise alle Mahlzeiten gemeinsam in der großen Diele

Wohnheim für Leitung und Hausmeister – der moderne Neubau in zweiter Reihe

mit offenem Kamin im Untergeschoss eingenommen wurden. Auch sorgte sie durch eine Kooperation mit einer örtlichen Schule dafür, dass die noch schulpflichtigen Mütter einen Schulabschluss machen konnten.

RATIONALISIERTER ALLTAG Eine Mitarbeiterin hingegen berichtet intern anderes vom Arbeitsalltag. Ihre Berichte decken sich mit einer Beschreibung im Buch *Heimkinder* von Jürgen Roth aus dem Jahr 1973: »Die gesamte Pflege ist rationalisiert. Jeder Handgriff muss sitzen, selbst das Aufstoßen nach dem Essen wird reihenweise so durchgeführt, dass den Kindern, die auf dem Bauch in den Boxen liegen, so lange auf den Rücken geklopft wird, bis sie endlich aufstoßen und dann weiterschlafen. Für die lebensnotwendige affektive und emotionale Interaktion zwischen Bezugspersonal und Kind während des Fütterns fehlen die Zeit und die Einsicht der Notwendigkeit. [...] Gefüttert wird in der Weise, dass die Flasche mit einer Windel umwickelt wird, wo es alleine trinken muss. Wenn einem Kind die Flasche wegrutscht, wird es ermahnt und bekommt die Flasche wieder in den Mund gestopft. Die Beschäftigung mit den Kindern besteht eigentlich nur darin, dass die Kinder in fahrbare Stühle gesetzt werden, auf denen man mehr schaukeln als sich fortbewegen kann.«1 Die meisten Kinder blieben bis zu einem Alter von zwei oder drei Jahren im Baumberger Hof. Wenn sie bis dahin nicht an Pflege- oder Adoptivfamilien vermittelt werden konnten, wurden sie ins Waisenhaus Münster-Handorf gegeben. Nur etwa ein Drittel der Kinder verließ das Heim gemeinsam mit den Müttern. In einem Zeitungsbericht über die langjährige Heimleiterin Reinhild Niehues erzählt die Nottulnerin Birgit Kutschenreuter: »Ich bin 1975 mit meinem gerade mal ein halbes Jahr alten Sohn in den Baumberger Hof gezogen. Ich war völlig allein, hatte niemanden, der mir zur Seite stand. Reinhild Niehues war für mich eine zweite Mutter, wurde meine Vertraute, Freundin, gab mir Arbeit und kümmerte sich liebevoll um meinen Sohn. Gleichzeitig habe ich sie auch als Respektsperson gesehen. Ich bin ihr unendlich dankbar, wie viele andere auch. Ohne diese Frau wäre mein Leben ganz sicher anders verlaufen.«

AUSBAU UND ENDE 1975 wurde das Heim um zwei zusätzliche Gebäude erweitert. Der Neubau links vom Hauptgebäude bot Platz für eine Hausmeisterwohnung, eine Wohnung für die Heimleitung, Wohnräume für bis zu elf ledige Mütter, eine neue Waschküche, eine Heizungsanlage und zwei Garagen. In dieser Zeit erreichte die Auslastung ihren Höhepunkt. Es wurden 50 Mütter pro Jahr betreut, von denen die Hälfte minderjährig war. Durch den gesellschaftlichen

Wandel und die soziale Akzeptanz alleinerziehender Mütter sank jedoch allmählich die Auslastung. 1986 wurde das Heim schließlich geschlossen.

DAS GEBÄUDE HEUTE Der Baumberger Hof ist am besten zu Fuß von einem Wanderparkplatz aus erreichbar, der an der Straße etwa 300 Meter in Richtung Havixbeck liegt. Vom Gehweg aus kann das Haupthaus aus hellem Sandstein, mit seinen grünen Fensterläden und einem Schriftzug an der Vorderseite von drei Seiten aus der Nähe betrachtet werden. Auch der etwas nach hinten versetzte Neubau aus hellem Ziegelstein ist gut vom Weg aus zu erkennen. Viele Fenster beider Gebäude sind mit Holzlatten verschlagen. Rechts neben dem Hauptgebäude sind ein zugewachsener Parkplatz und ein Pavillon zu sehen. Das Gelände ist teilweise mit Zäunen abgesperrt, von denen einige umgestürzt sind. Beim Betreten ist Vorsicht geboten. Schilder weisen darauf hin, dass das Gelände mit Videokameras beobachtet wird.

Wanderung mit Aussicht

Der Wanderparkplatz ist auch ein idealer Ausgangspunkt für Wanderungen durch die Baumberge. Zwischen Nottuln und Havixbeck ist das Waldgebiet besonders hügelig und bietet viele Aussichtspunkte auf die münsterländische Flachebene, zum Beispiel auf dem Weg zum 184 Meter hohen Luseberg. Und für die anschließende Stärkung bietet das »Pannkokenhus Teitekerl« natürlich Pfannkuchen und andere westfälische Spezialitäten an.

Was hier wohl geschah?
Wo früher Kinderlachen und -geschrei zu hören war, wuchert heute das Gras …

Das Kreuz ist alt, der Sockel neu:
Der Sühnestein gedenkt des Mordes an der »Mersche« von Tilbeck.

2

MORD AUS GELDGIER

Das Gedenkkreuz an die »Mersche« von Tilbeck

Wäre das Klingeln im Geldbeutel nur nicht so verlockend gewesen! Zwei Landsknechte konnten sich nicht beherrschen und begingen dafür sogar eine Bluttat. Doch die Beute war ernüchternd – und die Strafe tödlich.

Adresse Sühnekreuz Tilbecker Berg, 48329 Havixbeck, Kreis Coesfeld **GPS** 51.9375, 7.4321

Adresse Hexenpütt Roxeler Straße, 48301 Nottuln-Schapdetten, Kreis Coesfeld **GPS** 51.9366, 7.4292

Adresse Laerbrockkreuz Kley, 48308 Senden, Kreis Coesfeld **GPS** 51.9308, 7.4396

Anfahrt Mit dem Auto über die A 43, AS Nottuln, oder A 1 bis Münster und über Landstraße

MORD IM JAHR 1164 Zum Landtag von Laerbrock, einer Versammlungsstätte des Stiftes Münster, trafen sich im Jahr 1164 der Bischof, das Domkapitel, die Ritterschaft und Vertreter der Städte des Bistums. Der Ort, vermutlich nicht mehr als eine größere Waldlichtung, befand sich einen halben Tagesmarsch westlich von Münster. Er lag an der Grenze von Dreingau, Stevergau und Scopinggau, also der Gebiete nördlich der Lippe, der Region um den Fluss Stever sowie das heutige Schöppingen. Ihre Grenzen waren seinerzeit von Wällen und Gräben umgeben. Während die hohen Herren zu Laerbrock tagten, vergnügte sich das Volk im Gasthaus Adams Hoek im Dorf Tilbick, das heute Tilbeck heißt. Unter ihnen waren zwei Landsknechte eines der tagenden Herren, grobe Kerle und fleißig beim Zechen, so sagt man. Im fröhlichen Treiben des Gasthauses beobachteten sie eine abseits sitzende Bäuerin, die »Meiersche« oder »Mersche« vom Hofe Schulze-Tilbick. Sie vernahmen ein lautes Klimpern, als die Bäuerin lange in ihrem Beutel nach Münzen kramte, um ihre Zeche zu bezahlen.

EIN HEIMTÜCKISCHER PLAN »Das klingt nach mehr«, so dachten sich die beiden. Tuschelnd heckten sie ihren Plan aus. Sie schlichen sich davon und warteten an der Landwehr in einem Waldstück oberhalb des Dorfes. Am Weg zum Hofe der Bäuerin lauerten sie ihr auf und erschlugen die arme Frau in der Hoffnung auf reiche Beute. Doch erst, als die Bäuerin tot zu ihren Füßen lag, bemerkten sie ihren Irrtum: Der Beutel war nicht etwa prall gefüllt mit Münzen; sie hielten lauter Schuhnägel in Händen, als sie ihn leerten.

SCHULD UND SÜHNESTEIN Die Strafe folgte auf den Fuß. Beide wurden der Tat überführt, von einem Femegericht verurteilt und in Schapdetten gehängt. Außer dieser alten Geschichte ist über den Tathergang nicht mehr bekannt. Doch es gibt ein Kreuz mit der Inschrift »INRI – ANNO 1164 ALDA BI DIG Cre.IST RebORHReT.ALHIeeINeMeIRSCHe.TILBICK VeRMORDeT IST«. Bei diesem Kreuz handelt es sich um einen Sühnestein, den vermutlich der Lehnsherr der Knechte aufstellen ließ. Sühnesteine waren Bestandteil der mittelalterlichen Rechtsprechung, die einer Blutfehde wegen begangener Mordtaten ein Ende setzen sollten.

UNKLARE DATIERUNG Nicht gewiss ist, ob der Mord tatsächlich aus dem Jahr 1164 da-

Durch die Baumberge zieht sich der alte Grenzwall zwischen drei Regionen.

Quellgebiet für sieben Bäche und unheimliche Baumgestalten am »Hexenpütt«;
hier lief der Teufel als Ziegenbock umher.

tiert, denn der Stein könnte ebenso im Jahr 1764 restauriert worden sein, was das »RebOHReT« in der Inschrift belegen könnte. Das lateinische *reboreret* bedeutet wörtlich, »es würde zurückspringen«, könnte hier aber auch auf eine Renovierung oder Erneuerung hindeuten. Gesichert ist, dass ab Mitte des 13. Jahrhunderts Landtage des Münsterschen Stifts auch in Laerbrock abgehalten wurden, vermutlich sogar schon früher. Das Kreuz stand am alten Coesfelder Weg, wo zu karolingischen Zeiten eine Königsstraße verlief, die Münster mit den Niederlanden verband. In jüngerer Zeit wurde es um einige Meter versetzt und steht nun am Rand der Baumberge, am Anfang des Ludgerus-Weges.

Nebenschauplätze: Baumberge und Hexenpütt

Entlang des Weges in die Baumberge sind noch fünf Kilometer der alten Wall- und Grabenanlagen zu erkennen. Die Baumberge sind für das ansonsten flache Münsterland beinahe schon ein Mittelgebirge, bis zu 188 Meter hoch und damit die höchste Erhebung im Kernmünsterland. Sogar einige Serpentinenstraßen gibt es hier. Der Höhenzug erstreckt sich über mehrere Kilometer zwischen den Orten Nottuln, Havixbeck und Schapdetten. Nur wenige Hundert Meter vom Sühnekreuz entfernt, am südlichen Rand der Baumberge, treten sieben Quellen aus einer Kalksandsteinwand heraus. Diese werden »Hexenpütt« genannt, da sie auf magische Weise aus der Steinwand heraussprudeln. Früher sagte man den Quellen Wunderheilung nach. Außerdem soll nahe der Quellen der Teufel in Form eines Ziegenbocks in Erscheinung getreten sein. An der alten Versammlungsstelle des Landtages von Laerbrock befindet sich heute das Laerbrockkreuz.

3

STATTLICHES INDUSTRIEDENKMAL

Der alte Gasometer von Münster

75.000 Kubikmeter Gas für die ganze Stadt – diese Menge konnte der Gasometer einst fassen. Heute noch überragt das Stahlgerüst viele Bauten in seiner Nachbarschaft und harrt geduldig seiner künftigen Nutzung.

Adresse Boelckeweg, 48155 Münster **GPS** 51.9434, 7.6490
Anfahrt Mit der Bahn bis Münster Hauptbahnhof, Busverbindung Linie 6 oder Linie 8 bis Loddenheide/Beresa; mit dem Auto über die A 1 oder A 43 bis Kreuz Münster-Süd und die B 51 bis Halle Münsterland

Mächtiges Stahlgerüst im Süden von Münster: Der alte Gasometer versorgte einst die ganze Stadt.

LANDMARKE IM SÜDEN Wer sich Münster von Süden nähert, zum Beispiel über die B 51, der nimmt bald ein interessantes Bauwerk wahr. Die Gewerbebauten, die links und rechts der Bundesstraße liegen, werden vom größten Industriedenkmal Münsters überragt – dem alten Gasometer. Die Ringe des zylindrischen Stahlgerüstes ragen in den Himmel und bilden eine weithin sichtbare, über 50 Meter hohe Landmarke. In einer besonders attraktiven Perspektive erscheint er neben dem Fernsehturm von Münster.

DREIHÜBIGER TELESKOPBEHÄLTER Zwischen 1954 und 2005 sorgte der »dreihübige Teleskopbehälter, nicht ummantelt«, so die korrekte Bezeichnung, für die Versorgung der gesamten Stadt mit Gas. Zunächst wurde dieses durch die Verkokung von Kohle gewonnen, später war es Erdgas. Maximal gefüllt, konnten bis zu 75.000 Kubikmeter gelagert werden. Das Gas wurde durch den Druck einer Glocke, die auf dem Speicherbehälter lastete, in die Versorgungsrohre gepresst. Im unteren Bereich des Turms, dem Teil, der von einer festen Wand umgeben ist, befand sich ein Wasserspeicher. Der Gasbehälter tauchte bei geringerer Befüllung in das Wasser ein. Das gespeicherte Gas befand sich also zwischen dem Wasser und dem sichtbaren Deckel, der »Glocke«. Je nach Füllstand war der Speicherbehälter höher oder niedriger. Zudem wurde der Gasstand durch eine Gasuhr angezeigt. Diese ist auf Höhe der Oberkante des Wasserbehälters zu sehen und zeigt heute, wie zu erwarten, einen Stand von null Kubikmetern an. Nach seiner Stilllegung im Jahr 2005 wurde der Speicher durch ein unterirdisches Röhrenlager ersetzt.

GRUSELIGES SPINNENNETZ Anschließend wurde das Gelände um den Gasometer kulturell genutzt, zeitweise als Bühne für ein Musical, später als Kulisse für Kunstprojekte. Wahrhaft gespenstisch wirkte vermutlich die Installation einer überdimensionalen Spinne in dem Gerüst durch die Künstlergruppe »Möhre« im Jahr 2013. Durch diese und ähnliche Installationen von Tieren wollte die Gruppe auf gefährdete Orte in Münster hinweisen. Ein dauerhaftes Nutzungskonzept für das Gelände um das Gasometer als Kulturstätte konnte aber bisher offenbar nicht entwickelt werden.

BEEINDRUCKENDES KLETTERGERÜST Als »Monte Gaso« betrieb der Alpenverein für einige Zeit das größte Klettergerüst der Stadt mit fantastischem Ausblick. Doch er konnte die nötigen Gelder für eine Restaurierung nicht aufbringen. Im Jahr 2018 wäre für die dauerhafte Nutzung eine aufwendige Entrostung notwendig gewesen, die 800.000 Euro gekostet hätte. Zusammen mit mehreren Gebäuden wird das Gelände derzeit als soziales Zentrum genutzt, doch planen die Stadtwerke Münster als Eigentümer einen Verkauf des Areals. Die Art der zukünftigen Nutzung des Gasometers ist also unklar. Glücklicherweise bleibt zumindest die Landmarke im Süden von Münster bestehen, denn das Gerüst ist ein Industriedenkmal und als solches geschützt – zumindest so lange, bis es baufällig ist und ein drohender Einsturz eine Gefahr bedeuten könnte.

UND GRAMMATIKALISCH? Bleibt also nur noch eine Frage offen: Heißt es eigentlich der oder das Gasometer? Interessanterweise ist Gasometer, so sagt es auch der Duden, maskulin. Während nämlich Messgeräte, die auf -meter enden, in der Regel im Neutrum stehen – das Thermometer oder das Hygrometer beispielsweise –, ist ein Gasometer eben kein Messgerät, sondern ein großer Speicherbehälter für Gas.

Perspektivenwechsel

Von den umliegenden Straßen ergeben sich verschiedene spannende Perspektiven auf das runde Gerüst. Bei einem Spaziergang vom Stadthafen über die Brücke am Albersloher Weg nähert man sich dem Gasometer von Norden. Südlich der B 51 führen einige Straßen um ihn herum und bis fast an das Gerüst heran. Am nächsten kommt man ihm auf dem Boelckeweg und der angrenzenden Kleingartenanlage, die – ein kleiner Tipp – bei Veranstaltungen ist das Gelände auch für Besucher geöffnet. Und wer mehr wissen will: Der aktuelle Betreiber informiert über seine Tätigkeiten auf seiner Internetseite (gazometer.space/).

Der »Monte Gaso« war für einige Zeit ein wahres Kletterparadies.
Heute beheimatet das Gelände eine Kultureinrichtung.

Der erste seiner Art in Münster:
Backsteinbunker in der Lazarettstraße

4

BEMALT, BEWUCHERT, BEWOHNT

Luftschutzbunker im Stadtgebiet

Als in Deutschland im Zweiten Weltkrieg Bombenangriffe drohten, wurden in Münster sehr eilig Bunkeranlagen errichtet. Dennoch gab es architektonische Vorgaben – wie graue Klötze sollten sie nicht aussehen.

Adressen Von-Kluck-Straße 24a, 48151 Münster **GPS** 51.9547, 7.6236
Lazarettstraße 10, 48149 Münster **GPS** 51.9679, 7.6168
Wörthstraße 1, 48151 Münster **GPS** 51.9438, 7.6226

Anfahrt Mit der Bahn bis Münster Hauptbahnhof; mit dem Auto über die A 1 oder A 43 bis Kreuz Münster-Süd oder Kreuz Münster-Nord und über die B 54 bis Münster Innenstadt

INNEN-IMPRESSION In einem Eintrag in die Bunkerchronik des Jahres 1944 heißt es: »In jedem Raum steht groß an der Wand: Ruhe! Hinsetzen! Nicht rauchen! – Die Vorschriften werden alle selbstverständlich befolgt. Während ich mit einem Luftschutzwart durch die Keller gehe, hört man wiederholt an ihn die Frage: Was sagt der Drahtfunk? Schießen sie schon draußen? Aus welcher Richtung sind die Einflüge gemeldet?«

14 HOCHBUNKER IN MÜNSTER Große Klötze aus Beton, fensterlos in den Himmel ragend, davon gab es im Stadtbild von Münster einige. Zwischen 1940 und 1945 wurden dort insgesamt 14 Hochbunker errichtet. Angesichts des bereits fortgeschrittenen Krieges und der Gefahr von Bombenangriffen musste man die Bunker teils unter großem zeitlichem Druck planen und bauen. Gleichzeitig sollten sie sich aber harmonisch ins Stadtbild einfügen. Also wurden manche sogar mit Verzierungen ausgestattet, durch die die Luftschutzbunker den Anschein von Stadtpalästen erwecken sollten.

DIE VON-KLUCK-STRASSE Als Lost Place übrig geblieben sind nur wenige Bunker. Dem Bild eines grauen quaderförmigen Betonklotzes entspricht am ehesten der Bunker im Hof der St. Marienschule in der Von-Kluck-Straße in der südlichen Innenstadt. Doch auch er wurde inzwischen freundlicher gestaltet und mit farbigen Jesusfiguren seinem Umfeld angepasst. Gebaut zwischen 1942 und 1944 auf einer Grundfläche von 435 Quadratmetern, bietet er im Inneren auf sechs Etagen Platz für 1680 Personen. Die Wandstärke beträgt zwei Meter. Im Oktober 1944 wurde er bei einem Bombenangriff auf Münster direkt getroffen, erlitt allerdings nur geringe Schäden an der Außenwand. Das Dach des Gebäudes, das über eine sehr rostig aussehende Wendeltreppe erreichbar ist, dient der Schule als Plattform für Himmelsbeobachtungen. Im Bunker selbst lagerte die Stadt Münster für einige Zeit ihre Weihnachtsbeleuchtung.

WOHNEN IM EHEMALIGEN BUNKER Etwa einen Kilometer entfernt ist ein Beispiel zu bewundern, wie ein Bunker für modernes Wohnen umgebaut wurde. Im ehemaligen

Nur für 550 ausgelegt, drängten sich bei Luftangriffen 1200 Menschen in diesem Bunker.

Dicke Wände, inzwischen bewohnt: der Bunker Wörthstraße

Schützenhof-Bunker im Geistviertel sind tiefe Fensterschlitze in die massive Wand eingebracht, um Licht in das Gebäudeinnere fallen zu lassen. Die Fassade der unteren Etagen ist noch aus trist-grauem Beton – ein Zitat aus der Geschichte des Bauwerks? Oder fehlt nur der letzte, dekorative Bauabschnitt noch? Die oberste Etage hingegen hat moderne, großflächige Glasfenster, die Schrägen sind mit Metalldächern schmuckvoll abgesetzt. Modernes Wohnen in historischer Bausubstanz. Dass es sich bei dem Gebäude in der Wörthstraße/Ecke Hammer Straße um einen ehemaligen Bunker handelt, wird vielleicht in einigen Jahren kaum mehr auffallen.

HOCHBUNKER LAZARETTSTRASSE Nicht aus Beton, sondern aus Backstein und noch dazu mit wehrhaften Türmen ausgestattet ist der Bunker nördlich der Innenstadt in der Lazarettstraße. Seine Architektur war an die Wohnbebauung im Viertel angelehnt, um von der Luft aus nicht gleich als Bunker identifiziert werden zu können.
Er wurde im Jahr 1943 fertiggestellt und war in Münster der zweite Bunker in Benutzung. Obwohl er nur für den Schutz von rund 550 Menschen ausgelegt war, fanden hier bei Luftangriffen bis zu 1200 Personen Zuflucht. Bilder aus dem Inneren des Bunkers zeigen weiß gekachelte Sanitärbereiche, die teilweise unter Schutt vergraben sind. Im Bunker gab es eine Männer- und eine Frauenabteilung. Von 1946 bis 1949 wurde der Lazarettbunker als Gefängnis benutzt. Davon zeugen heute noch einige Wandinschriften. Das Gebäude steht seit 1993 unter Denkmalschutz. Weitere Schutzanlagen in Münster sind hingegen inzwischen abgerissen.

Durch die Innenstadt

Von außen können alle drei Schutzbunker aus nächster Nähe besichtigt werden. Während des deutschlandweiten »Tages des offenen Denkmals«, der jährlich am zweiten Sonntag im September stattfindet, besteht die Möglichkeit, die Bunkeranlagen von innen zu besichtigen. Die drei in diesem Kapitel erwähnten Bunker können aber auch mit einem Spaziergang, entweder entlang der grünen Wallanlage von Münster oder einmal quer durch die Innenstadt, verbunden werden. Beim Gang durch die Innenstadt lohnt sich ein Besuch der Lambertikirche mit den Käfigen der Wiedertäufer von Münster, die im nächsten Kapitel beschrieben werden. Von der Lazarettstraße bis zur Von-Kluck-Straße sind es gut 2,5 Kilometer durch die Innenstadt, bis zur Wörthstraße noch einen Kilometer weiter in südliche Richtung.

Der Bunker in der Von-Kluck-Straße steht auf einem Schulhof und diente der Stadt als Lager für ihre Weihnachtsdeko.

5

GEFÄNGNIS MIT AUSSICHT

Die Körbe der Wiedertäufer am Kirchturm St.-Lamberti

Johann Bockelson durfte sich für kurze Zeit »König Johannes von Münster« nennen – die Wiedertäufer hatten die Stadt übernommen. Doch als die Katholiken zurückkamen, folgte die grausame Strafe auf den Fuß.

Adresse Lambertikirchplatz 1, 48143 Münster **GPS** 51.9629, 7.6288
Anfahrt Mit der Bahn bis Münster Hauptbahnhof; mit dem Auto über die A 1 oder A 43 bis Kreuz Münster-Süd oder Kreuz Münster-Nord und über die B 54 bis Münster Innenstadt

Wichtiges Zeugnis der Stadtgeschichte oder ein Relikt aus unmenschlicher Zeit? Die Käfige der Wiedertäufer an St.-Lamberti

IN DIE KÄFIGE MIT DEN BURSCHEN! Typisch Mittelalter! Kaum hat man seine Stadt im Namen des wahren Glaubens für fünf Jahre von diesen Heiden befreit, wird man belagert. 16 Monate lang! Und dann entreißen einem diese Ungläubigen die Stadt wieder. Zu allem Überfluss wird man von ihnen gefoltert, das rohe Fleisch wird einem über Stunden mit glühenden Stangen vom Körper gerissen, anschließend Hals und Herz mit eben diesen durchbohrt. Und damit nicht genug: Die kläglichen Überreste des so geschändeten Körpers werden, zur Belustigung und Abschreckung aller, in Eisenkäfigen den Kirchturm hinaufgezogen und den Raben zum Fraße dargeboten. Auf dass Knochen um Knochen, wenn seine Zeit gekommen und er sonnengebleicht durch das große Gitter des Korbbodens passte, auf den Kirchplatz hinabfiele, den Hunden zum Zerbeißen oder den Kindern zum Vergnügen. Oh Welt, wie grausam und ungerecht! So oder so ähnlich könnten die Verurteilten des 22. Januar 1536 ihr hartes Schicksal aus jenseitiger Perspektive kommentiert haben. Ihre Namen: Bernd Krechting, Bernd Knipperdolling und Johann Bockelson, genannt Jan van Leiden (welch passender Beiname für heutige Ohren – »Leiden«!). Alle drei waren Anführer des Täuferreiches zu Münster, Bockelson wurde sogar zum »König Johannes von Münster« ausgerufen. Sein Königreich hielt jedoch nicht lange. Wie aber kam es überhaupt dazu? Gehen wir dazu einige Jahre zurück …

DAS TÄUFERREICH Europa stand im Zeichen des Glaubenskrieges, die Reformation war auf dem Vormarsch. Ein zunehmend radikalisierter Zweig der Reformation um Huldrych Zwingli ging die Erneuerung der Kirche jedoch nicht weit genug. Er kritisierte die römisch-katholische Kirche, den Kirchenzehnt und das Eheverbot für Priester. Zwinglis Gemeinden beriefen sich auf die wortgetreue Auslegung des Neuen Testaments und ein Leben ganz im Sinne von Jesus Christus. Im Stadtrat von Münster kamen um 1530 diese radikalen Reformer an die Macht, der katholisch gesinnte Bürgermeister musste fliehen. Aus den nahen Niederlanden zogen Täufergemeinden nach Münster und verstärkten die Gruppe. Unter ihnen waren Jan Matthys, der 1534 Bürgermeister wurde, und Jan van Leiden. In einem wochenlangen Bildersturm zerstörten sie alle Heiligenbilder in den Kirchen von Münster und gründeten nach ihren Regeln das Täuferreich. Es war eine Gütergemeinschaft, die sich an der Jerusalemer Urgemeinde orientierte. Das apokalyptische Programm des Jan Matthys war auf eine Endzeit und die Wiederkehr Christi ausgerichtet und sah folgende drei Punkte vor:

Zentrale Lage in Münster: der Brunnen auf dem St.-Lamberti-Kirchplatz

1. Die Gottlosen müssten vor der Wiederkehr Christi vernichtet werden. 2. Christus werde eine weltumspannende Theokratie errichten. 3. Die »apostolischen Sendboten« seien unbesiegbar und müssten vor der Endzeit warnen.

SCHRECKLICHES ENDE Das Täuferreich konnte vor allem durch die schwache Stellung des Bischofs von Münster und Osnabrück einige Jahre gut gedeihen. Der Amtsinhaber wechselte innerhalb dieser Zeit mehrmals, war aber nicht in der Lage, dem wilden Treiben in Münster etwas entgegenzusetzen. Das änderte sich erst mit Frank von Waldeck, der 1532 Bischof wurde. Er stellte ein Heer auf, das Ostern 1534 die

Für alle sichtbar, für die Raben ein Festmahl: Vor fast 500 Jahren wurden die Käfige zu Zeugen grausamer Bestrafung.

Stadt Münster vollständig belagerte. In der eingeschlossenen Stadt herrschte bald eine so große Hungersnot, dass zwei Überläufer 1535 die Tore öffneten und die bischöflichen Truppen mit Rittern und Landsknechten in die Stadt eindringen konnten. Was folgte, war ein Blutbad: Bei der Eroberung kamen 650 Menschen ums Leben. Nun hatte die katholische Kirche wieder das Sagen. Jan Matthys war bereits verstorben, und dreien der Anführer wurde der Prozess gemacht.

WAS TUN MIT DEM GRAUSAMEN ERBE?

Das Ergebnis ist heute noch zu sehen. Am Turm der Lambertikirche an Münsters Prachtboulevard, dem Prinzipalmarkt, hängen selbst nach fast 400 Jahren noch die leeren Käfige der Wiedertäufer. Knochen sind indes keine mehr zu sehen – letzte Bezeugungen stammen aus dem Jahr 1585. Wie mit dem »Erbe des Täuferreiches« beziehungsweise mit den sichtbaren Überresten umgegangen werden soll, ist heute umstritten. Viele sehen in den drei Käfigen ein wichtiges Dokument der Geschichte von Münster – selbst in Heinrich Heines Epos *Deutschland, ein Wintermärchen* finden sie Erwähnung. Kritische Stimmen hingegen bewerten die Ausstellung von Folter und Todesstrafe als unzeitgemäß und wünschen sich einen anderen Ort für diese Käfige.

Vertiefung

Der Turm der Lambertikirche dominiert den Prinzipalmarkt. Mit den im Krieg zerstörten und später historisch nachgebauten Giebelhäusern bildet der Platz ein sehenswertes Gebäudeensemble. Direkt am Kirchturm steht man beinahe unterhalb der Käfige. Die Kirche kann außerhalb der Gottesdienste besichtigt werden, eine Turmbesteigung ist aber nicht möglich. Und wer mehr wissen möchte: Das Stadtmuseum Münster erzählt die Geschichte von Münster ab dem Jahr 793 und bietet auch eine thematische Führung zum Königreich der Täufer an. Es befindet sich in der Salzstraße, wenige Hundert Meter von der Lambertikirche entfernt (stadt-muenster.de/museum/aktuelles).

Spuren der Zeit: Entlang der Friedhofsmauer finden sich viele alte Grabstätten.

6

DIE STIMMEN DER AHNEN

Am Zentralfriedhof Münster

Gräber aus dem 19. Jahrhundert, Grabmale, an denen der Zahn der Zeit nagt, alter Baumbestand – ein Spaziergang auf dem Zentralfriedhof in Münster kann unheimlich sein.

Adresse Robert-Koch-Straße 11, 48149 Münster **GPS** 51.9588, 7.6094
Anfahrt Mit der Bahn bis Münster Hauptbahnhof; mit dem Auto über die A 1 oder A 43 bis Kreuz Münster-Süd oder Kreuz Münster-Nord und über die B 54 bis Münster Innenstadt

REISE IN DIE VERGANGENHEIT Der Zentralfriedhof in Münster ist ein Ort voller Geheimnisse und inspiriert zu einer Zeitreise in die Vergangenheit der Stadt. Wer ihn besucht, spürt zunächst vor allem die Ruhe und Besinnlichkeit auf dem Areal in der Nähe des Aasees. Nimmt man sich jedoch die Zeit innezuhalten und die Grabmale anzusehen, beginnen sie, ihre einzigartigen Geschichten zu erzählen. Viele der Grabstellen wurden schmuckvoll ausgestattet. Jesusfiguren und Reliefs mit christlichen Motiven sind in unterschiedlichen Varianten zu sehen. Viele haben die Jahrhunderte gezeichnet, Holzfiguren zerfallen bereits, Steinreliefs haben dunkle Patina angesetzt. Vertieft man sich in die Inschriften und Jahreszahlen (zum Teil aus dem 19. Jahrhundert), werden aus den Toten Menschen, die einst in Münster gelebt haben und nun hier begraben liegen. Wie haben sie gelebt? Woran geglaubt? Viele der Gräber haben im Laufe der Jahrhunderte eine besondere Bedeutung bekommen, manche werden bis heute von den Einwohnern Münsters verehrt. Die alten, mit Efeu berankten Bäume geben diesem Friedhof zudem eine würdige, wenn auch zugleich unheimliche Atmosphäre.

VOR DEN TOREN DER STADT Der Zentralfriedhof wurde 1887 eröffnet, außerhalb der Stadt, die damals bereits von einem Grüngürtel, der Promenade, umgeben war. Gleichzeitig wurden die drei innerstädtischen Friedhöfe geschlossen. Damit trug Münster, das zu dieser Zeit Standort einer preußischen Garnison wurde, dem Wachstum der Stadt Rechnung. Im Zweiten Weltkrieg wurde der Friedhof schwer verwüstet, viele Mausoleen und Grabmale zerstört. Auch heute vermutet man noch einige Blindgänger auf dem Friedhofsgelände. Es ist in

Spuren im Stein:
Viele Gräber stammen aus dem 19. Jahrhundert.

einen alten und einen neuen Bereich unterteilt und beide Gebiete wiederum in Parzellen, die einer der münsterschen Kirchengemeinden zugeordnet sind. Diese Einteilung stammt noch aus der Gründungszeit des Friedhofs, als die vorherigen Friedhöfe der Gemeinden an diesem zentralen Ort vereint wurden. 1943 wurde die Anlage um den neuen Friedhof im Nordwesten erweitert. Dort erinnert ein Mahnmal an die 1284 Bombenopfer der Stadt Münster. Auf zwei Feldern mit Kriegsgräbern, symmetrisch angeordnet, teils mit Namen und Datum, teils anonym, sind darüber hinaus 574 Opfer beider Kriege bestattet. Der alte Teil des Friedhofs steht heute unter Denkmalschutz. Vor allem ein Spaziergang entlang der 1200 Meter langen Außenmauer führt zu den Grabstätten aus dem 19. Jahrhundert, die ein unheimlicher Hauch der Geschichte umweht. Einige sind noch gut erhalten, die meisten jedoch überwuchert, und an den Grabsteinen nagt der Zahn der Zeit. Besonders prunkvoll, wenngleich teilweise schon stark beschädigt, sind die Gräber in Ecklage.

BEKANNTE NAMEN Unter den bekannten Persönlichkeiten, die auf dem Friedhof begraben wurden, sind der in Münster bedeutsame Bierbrauer Pinkus Müller, der Philosoph Josef Pieper und Heinrich Brüning, der von 1930 bis 1932 deutscher Reichskanzler war. Auch der FDP-Politiker Jürgen Möllemann, der nach einer Schwarzgeldaffäre angeklagt werden sollte, hat hier seine Grab-

↓Jede Gemeinde hat ihre eigene Parzelle auf dem Friedhof.

↘ Nicht für die Ewigkeit: Am Jesus aus Holz nagt der Zahn der Zeit.

Einst waren sie besonders prächtig, die Gräber in den Ecklagen entlang der Außenmauer.

stelle. Er starb 2003 – kurz nach Aufhebung seiner Immunität als Abgeordneter – bei einem Fallschirmsprung. Ein Selbstmord wird vermutet, da er viele Sicherheitsvorrichtungen zur Öffnung des Schirmes umgangen haben soll. Für die 2001 seliggesprochene Schwester Euthymia wurde im gleichen Jahr eine eigene Grabkapelle errichtet. Sie stammte aus dem Münsterland und wurde für ihre besonders liebevolle Pflege von Kriegsgefangenen verehrt, was ihr den Beinamen »Engel der Liebe« einbrachte. Sie starb 1955 in Münster. Im Jahr 2001, kurz nach der Errichtung der Grabkapelle, brannte sie allerdings ab. Die Verehrung nach der Seligsprechung war so groß gewesen, dass Schwester Euthymia zu Ehren 2000 Kerzen in der Kapelle angezündet worden waren. Die enorme Hitze, die die Kerzen entwickelten, führte dazu, dass das Dach Feuer fing. Im Folgejahr wurde die Kapelle wieder hergerichtet.

Der Überwasser-Friedhof

Nicht weit entfernt vom Zentralfriedhof liegt der ehemalige Überwasserfriedhof (Wilhelmstraße 21, GPS 51.9670, 7.6118). Er gehörte zur Kirchengemeinde Liebfrauen-Überwasser, die vom münsterschen Dom aus gesehen jenseits des Flusses Aa lag; man musste also über den Fluss gehen, um die Kirche zu erreichen. Das ehemalige Friedhofsgelände ist seit 1926 ein öffentlicher Park, doch sind auch dort noch alte Grabsteine und Skulpturen erhalten. Ein Spaziergang dorthin lohnt und kann mit einem Besuch des Schlosses Münster verbunden werden.

7

DAS LAGER DES SATANS

Die Affhüppenkapelle Warendorf

Satanistentreffen? In dieser Kapelle bei Warendorf? Was ist dran an diesem Gerücht? Es könnte auch gezielt aus politischen Gründen gestreut worden sein ...

Adresse Vohren 1c (Gerbauletweg), 48231 Warendorf, Kreis Warendorf **GPS** 51.9470, 8.0184
Anfahrt Mit der Bahn bis Warendorf (Regionalbahn ab Münster oder Gütersloh); mit dem Auto liegt Warendorf gleichermaßen gut erreichbar zwischen den Autobahnen A 1, A 2 und A 33, die beste Anfahrt ist abhängig von der Anfahrtsrichtung

Erst private Kapelle, dann Gemeindekirche, heute Lapidarium – auch ein Treffpunkt für Anhänger des Antichristen?

PRIVATE BETSTUBE Schon im 17. Jahrhundert war die Familie Affhüppe sehr fromm. Auf ihrem Gutshof in der Bauernschaft Vohren vor den Toren von Warendorf errichtete sie eine eigene Kapelle. 1710 wurde sie in barockem Stil erbaut und 1856 in neugotischer Bauweise umgebaut. Zusammen mit einer großzügigen Stiftungssumme wurde die Kapelle einige Jahre nach dem Umbau an den bischöflichen Stuhl übertragen. Das Erscheinungsbild aus dieser Zeit hat sie noch heute: Ein großer, schlanker Turm ziert den Backsteinbau, von der Größe eher eine kleinere Kirche als eine Hofkapelle. Bis 1950 wurde sie für Gottesdienste genutzt, seither dient sie als Lapidarium, sprich als Aufbewahrungsort für Möbel und Bauteile von Kirchen. Bereits im Zweiten Weltkrieg wurde sie als Lager für die Möbel ausgebombter Familien zur Verfügung gestellt. 1967 schenkte der Bischöfliche Stuhl das seit 1990 denkmalgeschützte Gebäude der Gemeinde St. Laurentius. Benachbart liegt das Gut Affhüppen, ein Herrenhaus, das von einem zwei Hektar großen Landschaftspark aus dem 19. Jahrhundert umgeben ist. Es befindet sich in Privatbesitz und ist nicht öffentlich zugänglich.

TEUFLISCHES MÜNSTERLAND? Doch in den alten Mauern, so wird immer wieder gemunkelt, sollen nicht nur Steine lagern. Vielmehr ist von Treffen, bei denen »der Leibhaftige« angebetet wurde, die Rede, Es gibt Gerüchte über Blut, Tier- oder gar Menschenopfer … Nur: Genaueres oder Konkretes ist nicht in Erfahrung zu bringen. Tatsächlich scheinen die Geschichten über satanistische Treffen in der Kapelle nichts weiter als Gerüchte zu sein, die vielleicht sogar gezielt in Umlauf gebracht wurden, als im Jahr 1950 die Kirche nicht mehr für Gottesdienste genutzt und über die Zukunft des Gebäudes beraten werden sollte. Die Stadt Warendorf wollte das Gebäude unter Denkmalschutz stellen, andere vor Ort waren für einen Abriss. Brachte hier also jemanden den Teufel ins Spiel, um Argumente für einen Abriss zu sammeln? Schließlich ist es einfacher, die katholischen Münsterländer vom Abriss eines geschändeten Ortes zu überzeugen, als davon, ein Gotteshaus niederzureißen. Wenn dem so war, hat diese Taktik offensichtlich nichts gebracht, denn das Gebäude ist nun ein Baudenkmal und blieb auch ohne Gottesdienste erhalten. Doch das Gerücht ist hartnäckig. Es lockt regelmäßig Besucher an den abseits gelegenen Ort, die ansonsten wenig Interesse an Kirchenarchitektur haben. Und außerdem ist da noch so ein seltsamer Aufkleber an der Tür zur Kapelle …

SATANISCHE FAKTEN Mit Satanismus werden verschiedene Strömungen bezeichnet, die sich allesamt in irgendeiner Form auf den Teufel oder böse Mächte beziehen. Dabei wird der Teufel entweder wie ein Gott verehrt oder als Symbol für die Abkehr von der Kirche und die menschliche Freiheit angesehen. Vor allem in der Literatur wird der Satanismus in Zusammenhang mit Ritualen beschrieben, bei denen Blut eingesetzt oder getrunken wird und sogar Menschen geopfert werden. Doch sind nicht alle Gemeinden, die sich auf »den Gehörnten«, auf Satan oder den »Beelzebub« berufen, derart blutrünstig. Eine moderne Glaubensgemeinschaft, die »Church of Satan«, wurde 1965 in den USA gegründet. Sie vertritt beispielsweise die Grundsätze, dass Sinnesfreuden einer im christlichen Sinne biederen Abstinenz vorzuziehen seien, dass Sünde zu physischer, geistiger und emotionaler Erfüllung führe und dass der Mensch nicht von Gott erschaffen wurde, sondern ein Tier unter Tieren sei. Anstelle der Zehn Gebote hat sie sich »Elf satanistische Regeln der Erde« gegeben. Diese schreiben unter anderem vor, nicht zu stehlen, anderen gegenüber Respekt zu erweisen und sexuelle Annäherungsversuche nur in Übereinstimmung mit jemandem zu unternehmen. Das klingt in Teilen vertraut – das reine Böse ist hier wohl nicht zu erkennen. Außer vielleicht in der Regel, jemanden, der einen in den eigenen Räumlichkeiten belästigt, grausam und ohne Gnade zu behandeln. Als Sünde gilt hingegen, zur Herde zu gehören. Das kann einerseits als Gegensatz zum christlichen Gedanken vom Pastor als Schäfer und den Gläubigen als Herde Gottes verstanden werden. Andererseits bietet es aber auch den Ansatz, kein »Schlafschaf« zu sein, Fakten zu leugnen und Medienberichten zu misstrauen. Die »Church of Satan« ist nur eine der heutigen Ausprägungen des Satanismus. Von blutrünstigen Ritualen in verlassenen Kapellen würde sie ganz sicher nicht auf ihrer Internetseite berichten. Ach ja, der Aufkleber … mit dem nach unten gerichteten Dreizack: Das ist – rational gesehen – schlicht Werbung für dunkelfarbige Kleidung mit Kapuzen, unter anderem mit Teufelsköpfen als Motiv. Und an dieser Stelle äußerst zielgruppenorientiert platziert!

EINTRITT VERBOTEN Die Affhüppenkapelle liegt etwas versteckt am Stadtrand von Warendorf, in direkter Nachbarschaft zum Gutshaus. Die offizielle Adresse Vohren 1c kann nur über den Gerbauletweg oder einen Fahrradweg von der Mielestraße aus erreicht werden. Zu besichtigen ist das Gebäude allerdings nur von außen, Einblicke sind nicht möglich. Ein Weg führt an einer Kapellenseite entlang, das ganze Gelände selbst ist aber zugänglich.

Besichtigungs-Tipps

Wen auch der Blick ins Innere reizt, der sollte sich die Website des Heimatvereins Warendorf ansehen (heimatvereinwarendorf.de/warendorfer-kirchen/afhueppen kapelle-innen.html). Sie zeigt eine Reihe von Fotos aus dem Inneren des Kirchengebäudes. Vor Ort ist die historische Innenstadt

von Warendorf nur rund drei Kilometer entfernt. Ein Besuch lohnt sich. Auf dem Marktplatz stehen prächtige alte Giebelhäuser und in der gesamten Altstadt Hunderte zum Teil denkmalgeschützte Fachwerkhäuser. Und das eine oder andere Häuschen inmitten seiner pittoresken Nachbarn steht sogar leer.

Die Affhüppenkapelle sollte abgerissen werden, steht heute aber unter Denkmalschutz ... und lockt Neugierige mit alten Gerüchten.

Vor den Toren der Stadt gab es einmal eine Tankstelle …

8

JEDER RAUSCHT VORBEI

Die alte Aral-Tankstelle in Telgte

Eine Tankstelle direkt an einer stark befahrenen Bundesstraße? Die perfekte Lage, sollte man meinen. Doch an dieser hier hat schon lange niemand mehr getankt.

Adresse Kiebitzpohl 11, 48291 Telgte, Kreis Warendorf **GPS** 51.9813, 7.7631
Anfahrt Mit der Bahn bis Telgte (Regionalbahn ab Münster oder Gütersloh); mit dem Auto über die A 1 oder A 43 bis Kreuz Münster-Süd und die B 51 bis Telgte

I'M WALKING Die Bundesstraße 51 von Münster nach Telgte ist stark befahren. Feierabendverkehr. Autos und Lastwagen rauschen vorbei, Fahrradfahrer sind auf dem Radweg unterwegs, an der Bushaltestelle warten einige auf den Bus in Richtung Münster. Hinter einer Absperrung verläuft ein einzelnes Gleis, auf dem die Regionalbahn zwischen Münster und Bielefeld verkehrt. Eine Anforderungsampel ermöglicht es Fußgängern, die Straße zu überqueren; für 30 Sekunden stoppt der Verkehr, es bildet sich schnell eine längere Schlange aus Fahrzeugen. Ruhig ist es hier nicht. Und doch befinden wir uns direkt neben einem Lost Place. Das Dach, die Säulen, das gesamte Gebäude verraten es auf den ersten Blick: Hier konnte man früher einmal tanken. Dicke graue Klötze, wie gigantische Legosteine, versperren die ehemalige Auffahrt von der Straße. Die Mauern sind mit Graffitis verziert, wo einst Scheiben waren, verdecken Holzplatten den Blick ins Innere. Die Steinplatten auf dem Zufahrtsweg sind längst nicht mehr eben, Gras wächst zwischen den Fugen und um die Gebäude herum. Der letzte Liter Benzin wurde hier ganz sicher nicht vor wenigen Wochen verkauft. Was ist geschehen?

1,10 DER LITER Als die Tankstelle geschlossen wurde, kostete der Liter Super E10 wohl um die 1,30 Euro, der Liter Diesel um die 1,10 Euro. Der 31. März 2016 war der letzte Verkaufstag. »Aufgrund der Lage und des geplanten Ausbaus der B 51 lohne sich ein Umbau der Tankstelle nicht«, so zitierte eine Tageszeitung damals einen Konzernsprecher von Aral. Das Gebäude werde wohl zurückgebaut, so vermutete der Sprecher, darauf festlegen könne er sich allerdings nicht. Besser so, denn sieben Jahre später ist weder die B 51 aus- noch das Tankstellengebäude zurückgebaut. Jüngere Zeitungsmeldungen sprechen davon, dass es einen Streit um die Kosten zwischen dem Aral-Konzern und der Pächterfamilie gegeben habe. Bereits vor mehreren Jahren wünschte sich die Stadt Telgte eine Räumung des Geländes. Doch bei privaten Grundstücken habe eine Behörde kaum Möglichkeiten, einzuschreiten. Und zwischen Aral und den damaligen Tankstellenpächtern besteht ein Erbpachtvertrag.

VERTRAUTE KULISSE Also bleibt das Dach der alten Tankstelle eine schöne Silhouette, die Scheinwerfer der vorbeifahrenden Autos setzen es in ein gespenstisches Licht. Für die Vorbeiradelnden und die Fahrenden in Autos, Bussen und der Regionalbahn ist sie wohl zur vertrauten Kulisse auf dem Heim- oder Arbeitsweg geworden. Vielleicht denkt auch der ein oder andere Autofahrer an die Spritpreise, die er heute, sieben Jahre später, zahlen muss und weint der guten alten Zeit, als man am westlichen Ortsrand von Telgte seinen Tank noch günstig befüllen konnte, wehmütig hinterher. Beim Vorbeifahren bekommt man vom Gelände schon einen ersten Eindruck. Wer es genauer inspizieren möchte: Mit einem kleinen Spaziergang, zum Beispiel von der Rochus-Kirche am Rochus-Hospital, ist dieser Lost Place von der nächsten Parkmöglichkeit in wenigen Minuten zu Fuß erreicht. Dabei bietet sich zunächst ein Blick über das freie Feld auf die alte Tankstelle. Absperrungen existieren auf dem Gelände keine, die Gebäude sind allerdings durch Holzplatten vor dem Betreten geschützt.

Auf Pilgerzug

Der Ortskern von Telgte ist etwa einen Kilometer entfernt. Ein Besuch der charmanten Altstadt an der Ems lohnt sich. Telgte ist ein bedeutender Wallfahrtsort mit jährlich rund 150.000 Pilgernden, die in die Stadt kommen. An der Wallfahrt von Osnabrück nach Telgte, die am zweiten Wochenende nach Peter und Paul, also Anfang Juli, stattfindet, nehmen rund 8000 Pilgernde teil. Um 3 Uhr am frühen Morgen startet die Pilgerwanderung in Osnabrück und erreicht nach einem Marsch von rund 50 Kilometern Telgte gegen 15.45 Uhr. Es ist einer von vier Pilgerzügen, drei weitere starten in Münster, Warendorf und Rheine. Die Pilgerwanderung aus Münster verläuft entlang der B 51, kommt also auch an der ehemaligen Tankstelle vorbei – auf Schusters Rappen, ganz nach einem bekannten Motto des ehemaligen Betreibers.

Graffitis und sonstige Überbleibsel sind noch zu sehen,
der Benzingeruch ist längst verfolgen.

9

IM BAUSTOFF-EL DORADO

Die alten Zementwerke in Beckum und Ennigerloh

Ein wahres Zementrevier mit Zementmuseum und einer Zement-Radroute liegt im südöstlichen Münsterland. Auch einige stillgelegte Zementwerke sind dort zu bewundern.

Adresse Werk C. Mersmann Lindenkamp, 59269 Beckum, Kreis Warendorf **GPS** 51.7528, 8.070

Adresse Werk Elsa Elsastraße 1, 59320 Ennigerloh, Kreis Warendorf **GPS** 51.8164, 8.0177

Anfahrt Mit der Bahn bis Beckum/Neubeckum (Regionalbahn ab Hamm oder Gütersloh); mit dem Auto über die A 2 bis Beckum und B 475 bis Ennigerloh

Ein großer Schornstein, heute nur noch für Reservezwecke: das Zementwerk C. Mersmann in Beckum

Das Gelände ist abgezäunt, doch ein Fahrradweg führt direkt am Werk entlang.

ABBAU SEIT DEM MITTELALTER Vielleicht fragen Sie sich, warum es gerade hier, im südöstlichen Münsterland, ein Zementrevier gibt? Ganz einfach: Hier sind reichlich Kalkvorkommen wenige Meter unter der Erdoberfläche vorhanden. Schon im Mittelalter wurden deshalb mit Spitzhacke, Brecheisen und Schaufel Kalk und Mergel in den Kuhlen abgebaut und auf Pferdefuhrwerken abtransportiert. In Feldöfen brannte man den Kalk aus. Um die Orte Beckum und Ennigerloh entstand so im 19. Jahrhundert ein kleines Kalk- und Zementrevier, das mit dem Aufblühen der Kohle- und Stahlindustrie im nahen Ruhrgebiet eine rasante Entwicklung nahm. 1872 wurde in Beckum das erste industrielle Kalkwerk gegründet, bis 1915 kamen weitere 29 hinzu. In den 1930er-Jahren wurden bis zu 1,7 Millionen Tonnen Zement erzeugt – Beckum galt damals als größte Zementmulde der Welt. Die Spitze wurde in den 1960er-Jahren mit 3,7 Millionen Tonnen und bis zu 2000 Beschäftigten erreicht, allerdings damals schon nur noch mit 15 Werken. Heute produzieren noch zwei Werke in Beckum und eines im benachbarten Ennigerloh, das zu HeidelbergCement gehört. Doch die weißen Behälter und grauen verbauten Förderanlagen sind an den Stadträndern weithin zu sehen.

VIELE ZEMENTARTEN Eines der stillgelegten Zementwerke ist C. Mersmann in Beckum. Gegründet wurde es im Jahr 1873 und hatte 1925 bereits 100 Mitarbeiter. Zu dieser Zeit war es mit einem Drehofen, vier Drehrost-, zwei Schneider- und zwei Ringöfen ausgestattet. Ein altes Dokument aus diesem Jahr verrät, dass damals Portland-Zement, Spezial-Zement, Zement-Kalk und Bausack-Kalk produziert wurden – bestellbar unter der Fernsprechernummer 128, so das Firmenblatt der C. Mersmann, Portland- und Wasserkalkwerke, Beckum i. W. 1970 wurde die Firma an die Rheinische-Kalksteinwerke GmbH verkauft, 1998 ging sie an die Readymix Baustoffgruppe, die wiederum 2006 von der mexikanischen Cemex aufgekauft wurde. Das alte Werk im Süden von Beckum wurde 2007 stillgelegt, doch als Produktionsreserve aufrechterhalten. Rund 20 Mitarbeiter sind im alten Werk in der Zermahlung noch beschäftigt. C. Mersmann ist gut abgezäunt, doch verläuft ein öffentlicher Rad- und Gehweg direkt am Zaun entlang, was Einblicke in das Werksgelände von vielen Seiten aus möglich macht.

WERK ELSA IN ENNIGERLOH Offenbar war es eine Weile lang in Mode, den Zementwerken Frauennamen zu geben. In Ennigerloh wurde das Werk »Anneliese« benannt, eine Kombination der Vornamen Anna und Elisabeth, der beiden Ehefrauen der Gründungsmitglieder Bernhard Frisch und Franz Gröne. Ähnlich dürfte die Namensfindung der Werke »Elsa« in Ennigerloh und »Anna« in Neubeckum verlaufen sein – vielleicht ein Zeichen des schlechten Gewissens, weil den Gründern aufgrund ihrer Beschäftigung mit dem Zement wenig Zeit für ihre Ehefrauen blieb? Das Zementwerk Elsa liegt am südlichen Stadtrand von Ennigerloh; von der Bundesstraße aus ist seine beeindruckende Silhouette zu sehen. Die Zufahrtsstraße für den Verkehr ist allerdings gesperrt. 1899 gegründet, wurde das Werk 1913 um Elsa II mit drei Nassdrehöfen erweitert und 1986 stillgelegt.

Vertiefung gewünscht?

Wer mehr wissen möchte – viele Informationen rund um das alte Zementrevier sind im Zementmuseum zu finden, dessen Internetauftritt ebenfalls zum Stöbern einlädt (zement-museum.de). Und das Stadtmarketing von Ennigerloh bietet auf der Seite ennigerloh-erleben.de die Beschreibung einer 24 Kilometer langen Zement-Radroute an. Die Strecke verläuft entlang des alten Zementwerks Elsa, der Siedlung Elsa, der Kalksteinbrüche und weitere Stationen.

Viel frische Luft statt Zementstaub:
Die Fenster sind geborsten, doch das Förderband steht noch.

Reste aus dem Kohlezeitalter: zwei Fördertürme und Gerätschaften in der offenen Halle

10

GLÜCK AUS!

Die Zeche Westfalen Ahlen

Eine Kletterhalle in der ehemaligen Kaue, Start-ups, Gastronomie in den alten Zechengebäuden – in Ahlen ist der Strukturwandel angekommen. Doch immer noch sind einige Gebäude ungenutzt.

Adresse Zeche Westfalen, 59229 Ahlen, Kreis Warendorf **GPS** 51.7497, 7.9165
Anfahrt Mit der Bahn bis Ahlen (Westfalen) (Regionalbahn ab Hamm oder Gütersloh); mit dem Auto über die A 1 bis Ascheberg, weiter über die B 58 oder A 2 bis Hamm-Uentrop, dann über Landstraße, oder bis Beckum und weiter über die B 475 und B 58

TIEF IM NORDEN Für den Abbau von Steinkohle in Westfalen ist vor allem das Ruhrgebiet bekannt. Doch Jahr für Jahr wanderte der Ruhrbergbau zusätzlich weiter nach Norden, auch wenn dort in tieferen Schichten nach dem schwarzen Gold geschürft werden musste. Südlich der Ruhr, bei Witten, wo die ersten Kohlevorkommen gefunden wurden, trifft die etwa drei Meter dicke Kohleschicht, der »Flöz«, auf die Erdoberfläche. In Unna betrug die Schachttiefe, fachlich »Teufe« genannt, 380 Meter. Allein die oberste Schicht, die »erste Sohle«, lag in Hamm hingegen bei 850 Meter Tiefe. Ähnlich im benachbarten Ahlen: Die dortige Zeche Westfalen hatte mehrere Schächte, deren Teufe zwischen 855 und 1087 Metern lag. Im nördlichen Münsterland wurde Kohle sogar aus mehr als 1500 Meter Tiefe zutage gefördert. Und Ibbenbüren besaß Ende der 1980er-Jahre mit 1545 Meter Tiefe den weltweit tiefsten Schacht für Steinkohle (siehe Seite 142). Ahlen hält aber ebenfalls einen Tiefenrekord: Die Zeche Westfalen war bei ihrer Inbetriebnahme im Jahr 1909 die tiefste im Ruhrbergbau. Kohle wurde hier bis ins Jahr 2000 gefördert.

ENTWICKLUNGSMOTOR BERGBAU Ahlen entwickelte sich in Folge des Bergbaus von einem Ackerbürgerstädtchen zu einer mittelgroßen Industriestadt. Zwischen 1900 und 1914 verdreifachte sich die Einwohnerzahl beinahe; sie stieg von 6500 auf 17.800. Die Zeche hatte zu dieser Zeit 1200 Beschäftigte. Bis 1933 wuchs die Bevölkerungszahl weiter auf 25.000. Denn Steinkohle ist nicht der einzige Schatz, der sich unter der Erde des südöstlichen Münsterlandes verbirgt. Bereits in der Mitte des 19. Jahrhunderts wurde auch Strontianit abgebaut, ein Mineral, das bei der Entzuckerung der Melasse von Zuckerrüben verwendet wurde. Auf diese Weise wurde die Erzeugung von Zucker deutlich vereinfacht, was einen kleinen Zuckerboom im Münsterland auslöste.

Die Gefahr ist vorbei, die Warnung bleibt – Vorsicht ist aber immer ratsam!

START-UPS UND LOUNGES Heute sind auf dem Zechengelände die beiden Fördertürme der Schächte 1 und 2 die sichtbaren Landmarken. Rundherum, in den alten Zechengebäuden, ist ein geschäftiges Leben zu beobachten. Die ehemalige Kaue, der Umkleide- und Waschraum der Bergarbeiter, lädt heute Kletterbegeisterte zu sportlicher Tätigkeit ein. Werkstätten, die Lohnhalle und die Maschinenzentrale haben Platz gemacht für Firmenneugründungen und Gastronomie. Und im Gebäude, das die Grubenwehr nutzte, ist heute ein Museum eingerichtet.

GESPENSTISCH Dennoch: Einige der charakteristischen Backsteingebäude mit Tonnendächern stehen nach wie vor leer. Sie sorgen für den gespenstischen Charme einer verlassenen Industrieanlage. Und in die sind viele Einblicke möglich. Rund um die beiden Fördertürme können Interessierte in den Hallen die Maschinen, Förderanlagen und viele Gerätschaften aus der Bergbauzeit sehen. Auf dem Gelände des Schachtes 5, das auf Beckumer Stadtgebiet liegt, befinden sich heute noch Reste eines Trafohauses, eine Kaue sowie eine Werkstatt – dieses Grundstück ist allerdings in Privatbesitz.

LUKRATIV, ABER GEFÄHRLICH Der Bergbau brachte natürlich Reichtum und industrielles Wachstum in die Region an Ruhr und Lippe. Doch nicht nur … Die Arbeit unter Tage barg seit jeher Gefahren, die regelmäßig für Unfälle sorgten. So passierten im benachbarten Hamm gleich zwei der schwersten Grubenunglücke im Ruhrbergbau. Auf der Zeche Radbod ereignete sich am 12. November 1908 eine »Schlagwetterexplosion«. Dabei vermischt sich in der Grube entweichendes Methan mit Sauerstoff und explodiert. 350 Bergleute kamen dabei ums Leben.

Seit dem Jahr 2000 steht der Förderturm still – nach fast 100 Betriebsjahren in Ahlen.

Die offenen Seiten am Förderturm erlauben interessante Einblicke in die alten Förderanlagen.

Nachdem es einen Tag lang nicht gelang, bis zum Feuer vorzudringen und es zu löschen, wurde der Entschluss gefasst, alle drei Sohlen zu fluten. Erst im Frühjahr des folgenden Jahres war das Bergwerk ausgepumpt, sodass die Bergungs- und Aufräumarbeiten beginnen konnten. Im Mai 1951 kam es auf der Zeche Heinrich-Robert in Hamm ebenfalls zu einer Schlagwetterexplosion. Damals starben 17 Bergleute. 14 der Leichname konnten erst Mitte der 1960er-Jahre geborgen werden, als ein abgedämmter Kohlenflöz erreicht und aufgebrochen werden konnte.

Radeln auf der Kohlenbahn

Ein Abschnitt der alten Kohlenbahn, die die Schachtanlagen mit dem Verladehafen am Datteln-Hamm-Kanal verband, ist heute ein ausgebauter Fahrradweg und Teil des 125 Kilometer langen »Werse-Radwegs«. Doch Vorsicht – der Nebenfluss der Ems, der durch Ahlen und Münster fließt, ist leicht zu verwechseln mit der großen Schwester Weser, die weiter östlich Teil der Grenze zwischen Ostwestfalen und Niedersachsen ist. Über diesen Weg ist die Schachtanlage auch mit dem Radweg »Römer-Lippe-Route« verbunden. Im Grubenwehr-Museum (ahlen.info/wissen/grubenwehrmuseum/) ist eine Trainingsstrecke für die Mitglieder der Grubenwehr nachgebaut. Diese kam bei Unglücken unter Tage zum Einsatz und musste Grubenbrände unter schwersten Bedingungen bekämpfen. In weiteren Ausstellungsräumen des Museums ist auch die Geschichte der Zeche Westfalen dokumentiert.

11

VOM GLANZ VERGANGENER ZEITEN

Die Emaillierwerke Nahrath Ahlen

Industriespionage, Klagen gegen die Konkurrenz, weltweiter Export … Mit dem Boom der Emaille wurde Ahlen groß.

Adresse Industriestraße, 59229 Ahlen, Kreis Warendorf **GPS** 51.7591, 7.8940
Anfahrt Mit der Bahn bis Ahlen (Westfalen) (Regionalbahn ab Hamm oder Gütersloh); mit dem Auto über die A 1 bis Ascheberg und weiter über die B 58 oder A 2 bis Hamm-Uentrop, dann über Landstraße, oder bis Beckum und weiter über die B 475 und B 58

Ein Backsteinbau, schlicht, funktionell; die Fassade zur Industriestraße ist über 200 Meter lang.

MEHR MENSCHEN, MEHR KOCHGESCHIRR Eine bedeutende Revolution bei der Herstellung von Kochgeschirr war das Verfahren des Emaillierens. Diese Technik war zwar schon im Alten Ägypten bekannt, gelangte aber erst gegen Ende des 19. Jahrhunderts zu Industriereife. Dabei werden Eisenwaren, beispielsweise Töpfe, Pfannen, Tassen und Teller, bei einer Hitze von 850 Grad Celsius mit einem Silikatglas überzogen. Die Speisen kamen so nicht mehr direkt mit dem Metall in Berührung, und das Geschirr war besser zu reinigen, was einen Fortschritt in der Hygiene bedeutete. Zudem war es feuer- und hitzebeständiger als Glas- und Steinwaren, vor allem aber stabiler als herkömmliche Produkte. Die günstigeren und praktischeren Waren ersetzten rasch jene aus Holz, Ton, Glas und schwereren Metallen. Und der steigende Bedarf an Haushaltswaren in den Ballungsgebieten brachte einen Boom der Emaille-Industrie mit sich, so auch in der Randlage des Ruhrgebiets, besonders in Ahlen.

DIE ANFÄNGE Das Emaillewerk Kerkmann war das erste, das ab 1870 Emaille-Produkte in großen Mengen herstellte. Um die Jahrhundertwende waren in sieben Fabriken bereits rund 700 Arbeiterinnen und Arbeiter angestellt. Schon 1932 musste Pionier Kerkmann sein Werk aber wieder schließen, wohl, weil er auf zu teure Produkte mit hoher Qualität gesetzt hatte. Im Jahr 1907 eröffneten mitten in der Stadt, direkt an der Eisenbahntrasse nahe dem Ahlener Hauptbahnhof, die Stanz- & Emaillierwerke Nahrath. Das Werk steht mit seinem einst prächtigen Eckgebäude an der Dolberger Straße, Ecke Industriestraße. Nahrath gehörte zu den Firmen, die günstigere Massenware herstellten und in der Zeit, als Kerkmann schließen musste, weiterhin wuchsen.

Reim dich oder ich beiß dich: Werbung aus vergangenen Zeiten

HEISSE KONKURRENZ Emaille-Produkte aus Ahlen waren in der ganzen Welt nachgefragt; exportiert wurde in die Niederlande, nach England, sogar nach Asien und Amerika. Doch mit wachsender eigener Industrie in diesen Ländern sank das Interesse an der Einfuhr deutscher Waren. Nach dem Zweiten Weltkrieg wurde deshalb hauptsächlich für den heimischen Markt produziert. Aufgrund der zahlreichen Emaille-Hersteller in Ahlen entstand sowohl ein heißer Konkurrenzkampf um Arbeitskräfte als auch um neue Produktideen. Brachte Kerkmann bereits um 1900 die robuste Felsenemaille auf den Markt, boten wenig später auch andere Werke auffallend ähnliche Produkte an. Konkurrent Herding & Mentrup lieferte sich mit Nahrath sogar einen Rechtsstreit um einen Werbespruch. Nahrath warb Anfang der 1930er-Jahre mit dem etwas sperrigen Slogan: »Dieser Stahltopf mit aufgeschweißter Glasur hält länger als ein gleich schwerer emaillierter Topf.« Das Landgericht in

Die Gebäudefront mit Namenszug und Emailletopf ist wahrlich beeindruckend.
Bitte aber trotzdem nicht hineingehen!

rath

Münster stellte im Auftrag des Klägers Mentrup fest, dass diese Behauptung einer Überprüfung nicht standhielt – Nahrath durfte diese Werbung nicht mehr verwenden.

ENDE EINER ÄRA Als erschwingliches Porzellangeschirr, Edelstahltöpfe und leichtere Kunststoffgefäße auf den Markt kamen, begann die Bedeutung der Emaille-Produktion zu schwinden. Damit ging auch die Ära der Werke in Ahlen zu Ende. Nahrath schloss 1991. In den alten Werkshallen kam es zu Vandalismus und auch Brandstiftung. Lange war geplant, das Gebäude abzureißen, doch der neue Besitzer, das Autohaus Weber, der das Gelände 2016 kaufte, hat sich entschieden, das Andenken an das alte Werk zu erhalten. Mit der Fassade an der Industriestraße, das von der Hofseite abgestützt wird, ist das schon ein großes Stück weit gelungen.

NUR VON AUSSEN Ein Spaziergang entlang des Werksgeländes an der Industriestraße gibt einen guten Eindruck von seiner einstigen Pracht. An dieser Seite hat es eine Gebäudelänge von mehr als 200 Metern. Das dreigeschossige Eckgebäude zeigt auf dem Dach einen blauen Rundtopf – das Marken-

Vom dicken Schornstein steht noch ein Stumpf auf dem Hof.

zeichen, das auch auf dem Emblem am Schriftzug zu erkennen ist. Direkt an der Ecke ist ein Werbespruch angebracht: »Koch und brat mit Nahrath«. Durch einige scheibenlose Fenster ist ein Blick ins Innere des Gebäudes möglich. Der Gang hinein ist nicht zu empfehlen und inzwischen auch nicht mehr möglich. 2013 verletzte sich eine Fotografin schwer, nachdem der hölzerne Fußboden unter ihr nachgab und sie acht Meter in die Tiefe stürzte. Hinter der langen, niedrigeren Fassade ist der Abstellplatz des Autohauses zu erkennen. Und auch der Stumpf eines Schornsteins ist erhalten.

Die Zeiten überdauert

Den Auf- und Abstieg der Emailleindustrie in Ahlen hat ein Unternehmen erfolgreich überlebt. Kaldewei stellt heute als Familienunternehmen in der vierten Generation Badezimmermobiliar unter anderem aus Stahl-Emaille her. Es unterhält in der Rottmannstraße 22 in Ahlen die Kaldewei Iconic World, ein Schulungszentrum mit Showroom. Ein Besuch hier oder auch Werksführungen sind nach Anmeldung möglich (kaldewei.de). Das Werk selbst ist übrigens aus der Vorbeifahrt mit dem ICE zu sehen.

Die Zeit ließ es zwar verblassen, doch immer noch ziert das alte Firmenemblem das Gemäuer.

Einst schwer umkämpft: Im Wald bei Osterfelde stehen die Überreste einer stolzen Wasserburg.

12

EIN STUMPF IM SUMPF

Die Burgruine Nienburg in Osterfelde

Wer den Fürstbischof auf seiner Seite hatte, musste es mit der Rückzahlung von Schulden nicht so genau nehmen. Bezahlen musste vielmehr der, der dem Schuldner das Geld geliehen hatte.

Adresse Köntrup, 59320 Ennigerloh, Kreis Warendorf **GPS** 51.8614, 8.0947
Anfahrt Mit der Bahn bis Warendorf (Regionalbahn ab Münster oder Gütersloh); mit dem Auto über die A 1 bis Lengerich und weiter über die Land- und Bundesstraße, oder über die A 2 bis Beckum und weiter auf der B 475

STREIT UNTER NACHBARN Wie so oft beginnt auch diese Geschichte mit einem Streit um das liebe Geld, der einem altehrwürdigen Gebäude zum Verhängnis wurde. Vielleicht war es auch ein Nachbarschaftskonflikt. Einige Jahrhunderte jedenfalls hatte die Nienburg in Osterfelde, einem Ortsteil von Ennigerloh, in Pracht und Blüte überstanden, und man lebte dort glücklich und in Frieden. Im 14. Jahrhundert als Castrum ter Horst von den Edelherren von der Lippe erbaut, erweiterte sie Hermann von Osterfelde 1422 unter bischöflichem Lehen zur »Nygeborg«, also zur »Neuen Burg« (heute »Nienburg«). Im 16. Jahrhundert kam sie in den Besitz der Familie Droste von Erwitte. Johann Eberhard Droste, Burgherr in den 1630er-Jahren, war zu ansehnlichem Reichtum gekommen. Anders sein Nachbar Adolf von Nagel, der ebenfalls in Osterfelde in der Keuschenburg wohnte. Er lieh sich Geld von den Drostes, nach einer Rückzahlung der Schuld stand ihm allerdings weniger der Sinn. Also nahm Droste die Keuschenburg als Pfand. Das wiederum missfiel Dietrich Hermann von Nagel, dem Besitzer der Burg Vornholz, ebenfalls in Osterfelde. Wie der gleiche Name der Bewohner schon verrät, verbanden Vornholz und die Keuschenburg seinerzeit familiäre Beziehungen. Dumm für Droste: Dietrich Hermann von Nagel war Generalwachtmeister des Fürstbischofs zu Münster. Den mochte man seinerzeit nicht zum Feinde haben, schon gar nicht als Burgherr. Der Fürstbischof erkannte die Pfandnahme der Keuschenburg kurzerhand nicht an. Zwar revidierte ein Reichsgericht zu Speyer das Urteil, doch nützte das Johann Eberhard Droste nichts mehr. Er wurde verhaftet und die Burg von Soldaten des Fürstbischofs zerstört. 1697 erwarb ein Nachfahre der Nagels sowohl die

Das Gelände ist sumpfig – also besser nicht betreten!

Keuschenburg als auch die Ruine der Nienburg, ohne sie wieder aufzubauen. Die Keuschenburg wurde im 19. Jahrhundert abgerissen, vom Gebäudeensemble ist nur noch ein Wirtschaftsgebäude erhalten. Schloss Vornholz hingegen ist heute bewohnt und befindet sich in Privatbesitz.

MIT DEM TEUFEL IM BUNDE Und wie es sich für eine geheimnisvolle Burgruine gehört, gibt es zur Nienburg natürlich auch eine Spukgeschichte. Johann Eberhard Droste, der letzte Besitzer der Burg, soll – wohl in Vorahnung auf die kommende Zerstörung seines Anwesens – seinen Schmuck

Vom Nachbarn beneidet, vom Bischof zerstört – an diesem Ort konnten die Burgherren nicht in Frieden leben.

Ein Rundweg mit 19 Stationen um Osterfeld führt auch zur Nienburg.

und wertvolle Gegenstände in der Nähe der Burg versteckt haben. Er wählte dafür ein Gewölbe um die Quelle des Baches, der die »Gräfte«, also den Burggraben, mit Wasser speiste. Seither soll der Teufel die Quelle bewachen und des nachts mit Kettengerassel und heulenden, bellenden Lauten Wanderer, aber auch Schatzsucher, verscheuchen. Seither wird die Quelle »Teufelspütt« genannt.

BESICHTIGUNG Von der Burg Nienburg sind heute einige Mauerreste erhalten. Das Gelände mit dem Turmstumpf der Hauptburg und vier vorgelagerten Vorburginseln ist auf einem schmalen Waldweg schnell umrundet. Die Ruine selbst liegt versteckt abseits des Hauptweges. Die Lage auf dem morastigen Grund und die Überreste der Wassergräben lassen diesen Ort geheimnisvoll bis unheimlich wirken.

Stationen-Rundgang

Im Jahr 2014 wurde die Ruine denkmalerhaltend befestigt, sodass inzwischen auch die Mauerreste begehbar sind. Der Heimatverein hat einen Rundgang mit insgesamt 19 Stationen um Osterfelde erstellt, der am Schloss Vornholz beginnt. An der Burgruine ist über einen QR-Code die Beschreibung der dortigen Station abrufbar (entdeckungstour-ostenfelde.de/).

13

KEIMZELLE DES WESTFÄLISCHEN VERSAILLES

Die Turmburg Morrien in Nordkirchen

Viel ist heute zwar nicht mehr übrig von der einstigen Burg der Adelsfamilie von Morrien. Doch als Vorgängerin des westfälischen Versailles lohnt ein Blick auf ihre Geschichte.

Adresse Turmburg Münsterstraße, 59394 Nordkirchen, Kreis Coesfeld **GPS** 51.7314, 7.5487

Adresse Schloss Schloss 1, 59394 Nordkirchen, Kreis Coesfeld **GPS** 51.7321, 7.5340

Anfahrt Mit der Bahn bis Nordkirchen-Capelle (Regionalbahn ab Münster oder Dortmund); mit dem Auto über die A 1 bis Ascheberg oder Hamm-Bockum und weiter über Landstraßen

Ein Turm mit Wassergraben war die Keimzelle des Westfälischen Versailles.

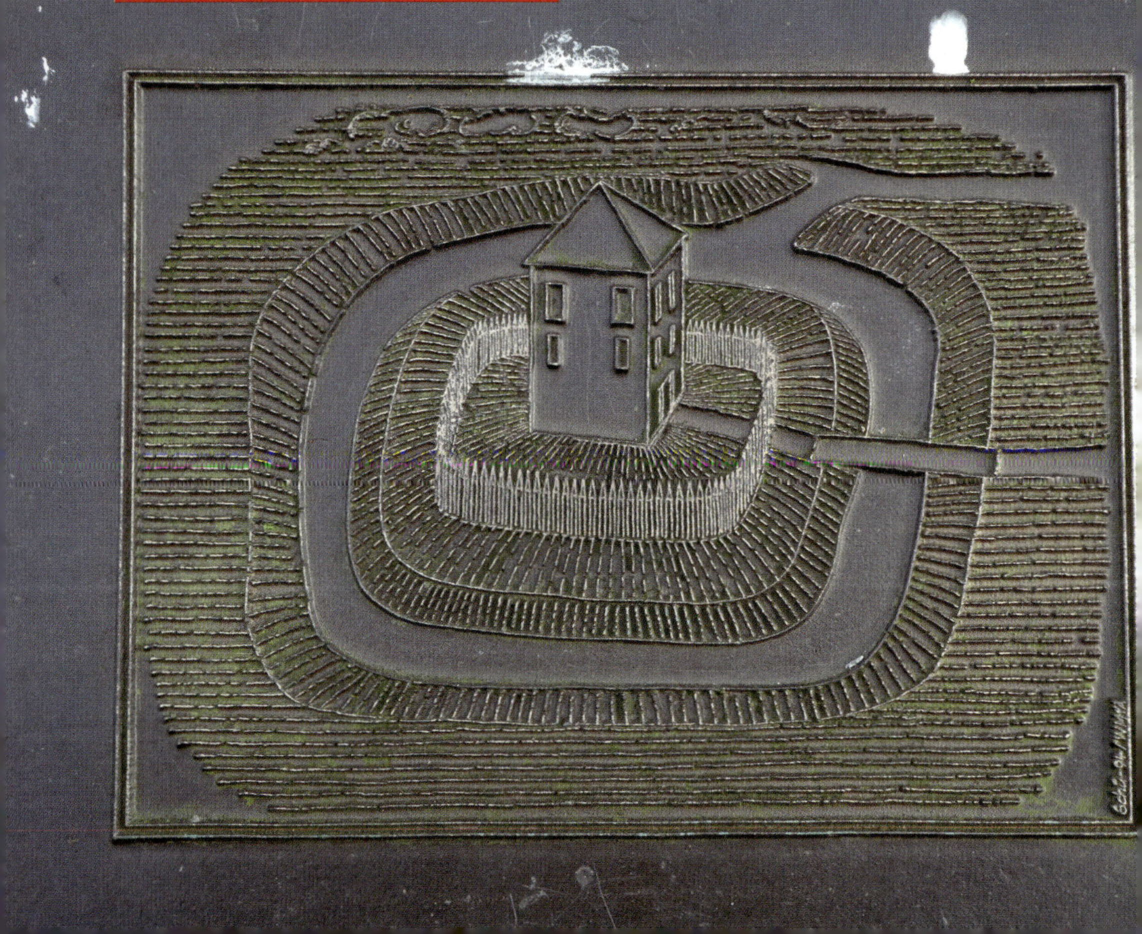

Ein Wall im Wald und ein Wassergraben, der mehr zu erahnen als zu sehen ist – das sind die Reste der Burganlage.

DES HEILIGEN KÖNIGS ERBEN In direkter Linie von einem der Heiligen Drei Könige abzustammen, war im Mittelalter im Münsterland ganz sicher respekteinflößend. Die Adelsfamilie der Herren von Morrien zu Lüdinghausen zählte über viele Jahrhunderte zu den Erbmarschällen des Fürstbischofs zu Münster. Der Name »Morrien«, so sagten sie, leite sich direkt vom heiligen König Melchior, dem Mohren, ab. Ihr erster Stammsitz soll in der Nähe des heutigen Schlosses Nordkirchen gelegen haben. Viel ist an dem Ort im heutigen Hirschpark nicht mehr zu sehen, außer einem Graben und einem Hügel mit einem Durchmesser von einigen Metern. Der Hügel jedoch – das gilt heute als gesichert – ist der Rest vom Fundament der mehrstöckigen Turmburg, die die Adelsfamilie zwischen dem 10. und 12. Jahrhundert bewohnt haben soll. Der Name Morrien trat allerdings erst später auf; als erster Träger gilt Johann Morrien zu Lüdinghausen, der um 1250 geboren wurde. Er war Ritter und ein Vasall des Fürstbischofs und erhielt den Oberhof Selm sowie Nordkirchen als Lehen. Die Burganlage war von einer »Gräfte«, einem Schutzgraben, und einem Holzzaun umgeben. Eine Zeichnung, wie man sich die Anlage heute vorstellt, ist auf einem Schild neben dem Hügel abgebildet.

IM DIENST VON KAISER UND FÜRSTBISCHOF Um das Jahr 1400 errichtete die Familie von Morrien eine erste Wasserburganlage am heutigen Standort des Schlosses Nordkirchen und gab daraufhin wohl die alte Turmburg im Hirschpark, die knapp einen Kilometer vom neuen Standort entfernt lag, auf. Im 16. Jahrhundert entstand anstelle der Wasserburg die erste befestigte Burganlage. Nach dem Aussterben der männlichen Linie der Morriens fiel die Anlage an den Fürsten von Plettenberg. Zu Beginn des 18. Jahrhunderts wurden das Schloss und der Park nach dem Vorbild europäischer Königsresidenzen umgebaut. Schlossherr war zu dieser Zeit Ferdinand von Plettenberg, Reichsgraf am Hofe Kaiser Karls VI. und Minister des Fürstbischofs von Münster und Paderborn.

FILMKULISSE UND FINANZSCHULE Seit 1950 »residiert« nun die Hochschule für Finanzen Nordrhein-Westfalen in Teilen des Schlosses. In einem Turm befindet sich ein Standesamt, im Nordflügel ein Restaurant der gehobenen Gastronomie. Und der Innenhof wird regelmäßig als Bühne für klassische Konzerte genutzt. Schloss Nordkirchen war übrigens auch schon mehrfach Kulisse für Filme. Gedreht wurden dort unter anderem die Filme *Smaragdgrün* sowie *Krupp – eine deutsche Familie* und *Spencer*, ein Film über Lady Diana mit Kristen Stewart in der Hauptrolle.

ZWEITER LOST PLACE Vom Capeller Tor, der südöstlichen Eingangspforte zum Schlosspark, sind es nur wenige Hundert Meter bis zum Lost Place Nummer eins, der einstigen Turmburg. Sie liegt in dem Teil, der sich Hirschpark nennt und heute eher ein Wald als ein Parkgelände ist. Besagter Schlosspark bietet aber noch einen Lost Place der modernen Art: das ehemalige Schwimmbad. Es steht dort seit vielen Jahren ungenutzt und befindet sich, vom Schloss aus gesehen, in östlicher Richtung hinter dem als Mensa der Finanzschule genutzten neueren Gebäude.

Touristenattraktion

Das Schloss Nordkirchen mit seinem 170 Hektar großen Park ist im Münsterland ein touristisches Highlight. Schöne Alleen mit Sichtachsen auf das Schloss führen zur Orangerie. Auf der Venusinsel ist ein Skulpturengarten angelegt, moderne Kunst ist am Libellenteich zu sehen, klassische am Chinesenbrunnen. Zu diesem führt eine eindrucksvolle Allee aus geneigten Platanen. Auf der weitläufigen großen Weide grasen Rinder. Und zum Abschluss lohnt sich garantiert ein Abendessen im Schlossrestaurant. Dort serviert Sternekoch Franz Lauter kreative Speisen. Den Hauptgang gibt es ab 29,90 Euro, auch vegetarisch, das 6-Gänge Menü kostet 89 Euro (Stand: 2023).

Rasten, wo einst die Wachposten standen?
Auf der Tafel neben der Bank ist die alte Ansicht der Burganlage zu sehen.

Von der Bundesstraße kann man die langen Lagerhallen des alten Sanitätsdepots der Bundeswehr erblicken.

14

LETZTE HILFE

Das militärische Sanitätsdepot Dülmen

Rundliche Hallen mit Tarnkappe? Das können keine Garagen für Traktoren sein! Richtig! Hier lagerte die Bundeswehr Sanitätsmaterial ... und nicht weit entfernt die Amerikaner Atomsprengköpfe.

Adresse Sanitätsdepot Dernekamp 131a, 48249 Dülmen, Kreis Coesfeld **GPS** 51.8226, 7.3347

Adresse Sondermunitionslager Dernekamp 40a, 48249 Dülmen, Kreis Coesfeld **GPS** 51.7955, 7.3254

Anfahrt Mit der Bahn bis Dülmen (Regionalbahn ab Münster, Dortmund, Essen oder Enschede); mit dem Auto über die A 43 bis Dülmen-Nord, weiter über die B 474

rum, und der Zaun sowie ein Tor auf der von der Bundesstraße abgewandten Seite waren gut gesichert.

SANITÄTSMATERIALKOMPANIE 100 Im Jahr 1993 zog die Sanitätsmaterialkompanie 100 aus dem niedersächsischen Quakenbrück ins Münsterland um. Dort nutzte sie den beschriebenen Standort, ein kleineres Materialdepot in der Bauernschaft Dernekamp. Es verfügte neben den oberirdischen Materiallagern auch über Erdbunker. Da Sanitätseinheiten innerhalb der Bundeswehr für die Versorgung der Truppen im Einsatz zuständig sind, wurde dort ein großer Fahrzeugpark mit Lkw und Anhängern stationiert. Doch bereits Anfang der 2000er-Jahre wurde die Kompanie nach Coesfeld verlegt. Das Materiallager wurde bis 2005 weiterhin genutzt, dann aber von der Bundeswehr aufgegeben. Heute scheint es offenbar als private Lagerstätte in Betrieb zu sein; die Hallen sind, abgesehen von gerissenen Tarnfolien auf den Dächern, noch gut erhalten.

EXPLOSIVE NACHBARSCHAFT In der Nähe des Sanitätsdepots, ebenfalls in der Bauernschaft Dernekamp, befand sich das Sondermunitionslager Dülmen-Visbeck. Es wurde von der Bundeswehr und von US-Streitkräften betrieben und zwischen 1965 und 1991 auch dafür eingerichtet, atomare Artilleriegeschosse einer Panzerdivision zu lagern. Das Gelände wird heute von einer privaten Firma (wie passend) als Lager für Feuerwerkskörper genutzt … und von der Stadt Dülmen als ökologische Ausgleichsfläche.

DIE DERNEKAMP-STRASSEN Das Sanitätslager ist gut von der Straße Dernekamp aus zu sehen, am besten in der Nähe von Hausnummer 131. Es ist möglich, bis knapp

Hier geht's nicht weiter! Das Gelände wird heute von einer Firma genutzt, der Zutritt ist nicht gestattet.

an das Tor heranzugehen; dort wird allerdings vor Hunden gewarnt, und es ist auch eine Überwachungskamera am Tor angebracht. Auf der anderen Seite des Lagers gibt es eine Straße parallel zur Bundesstraße 474, die erneut Dernekamp heißt. Von dort (in der Nähe von Hausnummer 127) ist ein guter Blick auf das Gelände ebenfalls möglich. Und auch das Sondermunitionslager befindet sich – wie sollte es anders sein – an einer Straße namens Dernekamp. Zur Erklärung: Es ist eine Eigenart des Münsterlandes, dass Bauernschaften in einem größeren Gebiet den gleichen Straßennamen haben, obwohl es sich nicht unbedingt um eine durchgehende Straße, sondern ein verzweigtes Wegenetz handelt. Das kann bei der Suche und genauen Bestimmung der Adresse sehr hinderlich sein. Für das Munitionslager wird als Hausnummer 40a angegeben. Die Stadt Dülmen ist bestrebt, dort eine Gedenkstätte für die Zeit des Kalten Krieges einzurichten. Nur mit öffentlichen Führungen, die die Stadt organisiert, ist das ansonsten mit Zäunen streng gesicherte Gelände zu besichtigen. Ein Weg führt allerdings an einer Seite des Geländes entlang, von dem interessante Einblicke möglich sind.

Munitionslager besichtigen

Zwischen April und Oktober bietet das Stadtmarketing von Dülmen Besichtigungstouren durch das ehemalige Munitionslager an. Dabei werden sowohl Munitionsbunker, die die Bundeswehr für konventionelle Waffen nutzte, als auch der damalige Hochsicherheitsbereich gezeigt, der für Sondermunition gedacht war. Information und Termine sind über den Dülmen Marketing e. V. zu bekommen (duelmen.de/duelmen-marketing).

15

DREI AUF EINEN STREICH

Von der Molkereigenossenschaft über das Gewächshaus zur Mühlenruine in Selm

Ein Rundgang durch Selm verbindet drei Lost Places der unterschiedlichsten Art miteinander – und führt zurück bis ins 16. Jahrhundert.

Adresse Alte Molkerei Olfener Straße 19, 59379 Selm, Kreis Unna **GPS** 51.7060, 7.4539

Adresse Gewächshäuser Sandforter Weg 4, 59379 Selm, Kreis Unna **GPS** 51.69532, 7.4612

Adresse Mühlenturm Mühlenkamp 12, 59379 Selm, Kreis Unna **GPS** 51.6998, 7.4752

Anfahrt Mit der Bahn bis Selm (Regionalbahn ab Dortmund oder Enschede); mit dem Auto über die A 1, AS Werne oder Ascheberg, oder die A 2 bis AK Dortmund Nordost und weiter über Landstraße

Bis zu 17.000 Liter Milch wurden täglich von hier geliefert: die alte Molkereigenossenschaft in Selm.

DIREKT AM BAHNÜBERGANG Etwa zwei Mal pro Stunde bietet sich bei der Autofahrt über die B 236 von Selm nach Olfen ein besonderer Logenplatz mit Blick auf einen verlassenen Ort. Dann nämlich ist die Bahnschranke für mehrere Minuten geschlossen. Wer es geschafft hat, sich einen der vorderen Plätze zu sichern, hat einen Eins-a-Blick auf das Gebäude der ehemaligen Molkerei-Genossenschaft Selm. Auch ich stehe bei meinen Fahrten in Richtung Münsterland oftmals hier an dieser Schranke, denn in unmittelbarer Nähe befindet sich mein Arbeitsplatz. Erst jüngst, im Jahr 2021, hätte die Genossenschaft ihren 130. Geburtstag feiern können … wenn es sie heute noch gäbe. Denn nur bis 1968 verarbeitete man dort die Milch aus dem Umland, und zwar nicht wenig: Bis zu 17.000 Liter wurden täglich von den Höfen um Selm angeliefert.

UNGEWISSE ZUKUNFT Seither machen Spekulationen darüber, was mit dem Gelände geschehen soll, alle paar Jahre die Runde. Eine Nutzung scheint derzeit nicht in Planung. Der Eigentümer möchte das Gebäude offenbar weder verkaufen, noch dem Anwesen neues Leben einhauchen. Einzig als Stellplatz für Lkw wird die Einfahrt noch regelmäßig genutzt. Das erstaunt, wenn man wie ich bei der Suche nach verlassenen Orten in der Region beobachten konnte, dass viele ehemalige Gewerbegebäude schnell wieder einer neuen Nutzung zugeführt werden konnten – Lost Places waren viele nur für kurze Zeit. Seitens der Stadt gibt es in solchen Fällen kaum Möglichkeiten die Entwicklung des Grundstücks voranzutreiben.

VIEL ZEIT AN DER SCHRANKE Also ist die Fantasie gefordert: Wie mag es einst hier zugegangen sein? Welche Maschinen arbeiteten hier? Wie sahen die Tanks aus, wie die Räume, als die Glasscheiben noch nicht zerbrochen waren? Vom Gehweg aus sind gekachelte Wände zu erkennen, an der Decke hängt ein rostiger Leuchter. Und was könnte einmal daraus werden? Hoffentlich kein Parkplatz für noch mehr Lastwagen oder Berufspendler ins Ruhrgebiet.

AUS DER NÄHE BETRACHTET Das Gebäude der alten Molkereigenossenschaft befindet sich direkt an der Bundesstraße, ein schmaler Gehweg führt direkt an der Frontseite entlang. An den zerbrochenen Glasbausteinen, dem Pflanzenbewuchs in den Regenrinnen, an rostigen und herabhängenden Streben für eine Dachkonstruktion und Graffitis an den Fassaden ist zu erkennen, dass hier schon lange keine Milch mehr angeliefert wurde. Soweit der Eindruck von der Straße. Von der Seite ist der Einblick in die hintere Lagerhalle möglich, der Weg allerdings von Gebüschen versperrt. Man erkennt einen Teil eines großen Raumes, der vielleicht früher ein Lager war. Durch fehlende Mauerteile fällt ausreichend Licht hinein. Auf dem Boden liegen Unrat, Verpackungen, Steine und Dämmmaterial, sodass der eigentliche Charme des Verfalls von herumliegendem Gerümpel leider überdeckt wird.

VOM GEIST DER GRÜNDERVÄTER Die Gründung der Molkereigenossenschaft fand im Jahr 1891 im Haus Knipping statt, einem bis 2011 weithin bekannten und beliebten Gasthaus mit Hotel in Selm, das auch für seinen Tanzsaal bekannt war. Dessen altehrwürdige Mauern sind inzwischen zu Wohnungen umgebaut. Und zufällig befindet sich dort heute mein Büro, vermutlich sogar genau dort, wo einst geschwoft wurde: im Tanzsaal, der – möglicherweise bestuhlt – auch für größere Versammlungen, Vereinssitzungen und Gründungen von Genossen-

Einblicke vom Gehweg:
Diese Gewächshäuser sind seit vielen Jahren ungenutzt.

schaften genutzt wurde. Ein Hauch vom Geist der Gründerväter der Selmer Molkereigenossenschaft umweht mich auf diese Weise tagtäglich, auch noch nach 132 Jahren.

WER INS GLASHAUS SCHAUT Auf der anderen Seite vom Auenpark, knapp zwei Kilometer von der alten Molkereigenossenschaft entfernt, befindet sich ein weiterer verlassener Ort. Hier stehen mehrere Gewächshäuser, deren Substanz seit Jahren ebenfalls bröckelt: gebrochene Rohrleitungen, kaputte Glasscheiben, ein überwucherter Hof. Das Gelände ist durch einen Zaun gut abgesperrt – ein Glück für den Ort, denn es gibt weniger Spuren von Vandalismus, Graffitis und Vermüllung. Der Schutt, der hier herumliegt, stammt vom Gebäude selbst. Ein Einblick vom Gehweg in die Gewächshäuser ist gut möglich. Direkt benachbart gibt es eine noch geöffnete Blumengärtnerei. Doch der Eigentümer des Geländes, so heißt es, habe weder ein Interesse an einem Verkauf noch an der Nutzung der alten Gewächshäuser. Die Stadt hatte wohl schon ein Auge auf das Objekt geworfen; zumindest war die Fläche bei der Gestaltung eines Überflutungsbeckens im Auenpark bereits mit in Betracht gezogen worden. An der Hecke, die das Gewächshaus vom Park trennt, endet ein Weg ganz plötzlich, und dem Becken fehlt eindeutig eine Ecke.

WINDENERGIE AUS DEM 16. JAHRHUNDERT Und weiter geht es zum nächsten sehenswerten verlassenen Ort, einer alten Turmwindmühle, die um 1550 auf dem Selmer Klockenberg erbaut wurde. Die Ruine ist eines der ältesten Gebäude von Selm. Der noch erhaltene, einst viergeschossige Rumpf besteht aus Sandstein und ist größtenteils mit Efeu überwuchert. Die Mühle wurde bei einem Sturm im 18. Jahrhundert schwer beschädigt. Doch noch bis 1911 konnte dort Korn gemahlen werden.

Der Rundweg

Ein Spaziergang durch den Auenpark, den man von der alten Molkerei aus über die Olfener Straße und den Grünen Weg erreicht, führt direkt zu den Gewächshäusern

am Sandforter Weg. Von hier bis zur Mühle sind es gut 1200 Meter zu laufen. Der schönste Weg führt entlang der Ludgeristraße durch die Altstadt. Hier lohnt auch ein Abstecher über den Kirchplatz der alten Friedenskirche. Am Gasthaus Suer (der im Sommer ab 17 Uhr einen Biergarten betreibt!) geht es zunächst in die Südkirchener Straße und an der Wegkapelle in die Werner Straße. Dort ist nach knapp 100 Metern die alte Mühle auf der linken Seite zu sehen.

Einst eine stolze Mühle – das lassen auch die sichtbaren Reste des ältesten Gebäudes von Selm erkennen.

Was als modernes Wohnen geplant war, verfiel schon nach wenigen Jahren zur Ruine: das Habiflex in Dorsten.

16

SCHÖNER WOHNTRAUM AUS DEN 70ERN

Das Habiflex in Dorsten

Experimentell und modern sollte es werden, das neue Wohnen in Wulfen-Barkenberg. Doch was gut gedacht war, erwies sich leider als Fiasko.

Adresse Habiflex Jägerstraße 1, 46286 Dorsten, Kreis Recklinghausen
GPS 51.7338, 7.0433

Adresse Wulfener Markt Wulfener Markt, 46286 Dorsten, Kreis Recklinghausen
GPS 51.7258, 7.0291

Anfahrt Mit der Bahn bis Wulfen (Regionalbahn ab Essen oder Coesfeld); mit dem Auto über die A 31 bis Schermbeck oder die A 43 bis Haltern und weiter über die B 58

GELSENKIRCHENER BALKON Experimentelles Wohnen in der neuen Stadt: verschiebbare Wände, ein offener Lichthof, um den herum alle Wohnungen gebaut wurden, Pkw-Stellplätze für alle im Erdgeschoss. Und das Highlight: Wohnen drinnen und draußen zugleich! Der sogenannte »Gelsenkirchener Balkon« konnte durch klappbare Wände in einen Wintergarten verwandelt werden. Die Ehre für die Ruhrgebietsstadt, als Namensgeberin für dieses Prinzip dienen zu dürfen, rührt daher, dass die beiden Architekten des Gebäudes aus Gelsenkirchen stammen. So jedenfalls hat in den 1970er-Jahren schönes neues Wohnen ausgesehen. Das Gebäude bekam einen lustigen Namen – »Habiflex«, abgeleitet vom lateinischen *habere* für wohnen –, war futuristisch, flexibel und … leider unbewohnbar.

ES BRÖCKELT UND TROPFT! Das mit Bundesmitteln geförderte Gebäude gehört zu einer Reihe von Versuchsbauten, die in Wulfen in dieser Zeit entstanden. Als Vorbild dienten offene, freundliche Wohnviertel in den Niederlanden. Doch gerade wegen seiner flexiblen Bauweise war das Gebäude nur dürftig isoliert. Es bildete sich Schwitzwasser und die Bausubstanz begann zu bröckeln, was der Eigentümer vernachlässigte. Das flexible Wohnen wurde zum Abenteuer, von »Tropfsteinhöhlen« war bald die Rede. Nach einem Sperrmüllbrand im Jahr 2007 wurde schließlich die Feuersicherheit des Gebäudes überprüft. Und es stellte sich heraus, dass der Hauptrettungsweg den Anforderungen nicht entsprach. Das Urteil: unbewohnbar! Die letzten Mieter verließen das »sinkende Schiff« im August 2008. Ein Abriss war jedoch nicht möglich, da der Eigentümer nicht mehr auffindbar (da vermutlich insolvent) war. Selbst ein Verkauf zum Preis von einem Euro kam nicht mehr zustande. Also begann die Jugendszene von Wulfen, sich im unbewohnten Habiflex zu treffen, auch Obdachlose zogen ein. Im Jahr 2010 wurden alle Eingänge zugemauert –, der Aufenthalt im Haus war zu gefährlich geworden.

NEUE STADT WULFEN Das Habiflex war Teil der »Neuen Stadt Wulfen«. Als in den späten 1950er- und 1960er-Jahren der Ruhrbergbau nach Norden wanderte, stieg der Bedarf an günstigem Wohnraum sprunghaft an. All die Fehler anderer Großsiedlungen im Ruhrgebiet wollte man verhindern, deshalb plante man ein ganzes Stadtgebiet mit niedrigeren Wohneinheiten und teilweise experimenteller Architektur. Der Stadtteil Wulfen-Barkenberg, der seit 1975 zu Dorsten gehört, sollte auf Betreiben der Bergbaugesellschaft Stinnes und der kommunalen Verwaltung zunächst für 50.000 Einwohner ausgebaut werden, komplett mit Infrastruktur: Rathaus, Einkaufspassage, Krankenhaus, Schulen, Kindertageseinrichtungen, Kirche, öffentlicher Nahverkehr, eben alles, was eine »Neue Stadt« so braucht. Auch die

Die Fenster waren flexibel, hielten aber nicht lange dicht.

Verkehrsführung war innovativ, weitestgehend ohne Ampeln für den Autoverkehr, Fußwege wurden kreuzungsfrei über Brücken oder durch Unterführen verlegt. Doch das neue Bergwerk in Wulfen konnte dauerhaft nur 450 von erwarteten 8000 neuen Arbeitsplätzen erhalten. So wurde die Planung für das Wohnviertel schon 1970 korrigiert und auf 30.000 Einwohner reduziert. Dennoch sollte es Maßstäbe für neues Wohnen setzen. Neben dem Habiflex gab es die Metastadt, ein ebenfalls verwinkeltes und flexibles Gebäude mit 100 Wohneinheiten und einer Ladenpassage des Stararchitekten Josef Paul Kleihues. Doch auch die Metastadt war nicht von Dauer. 13 Jahre nach ihrer Errichtung musste man sie wegen Baumängeln abreißen, die Ladenpassage folgte 2023. Heute wohnen noch 8400 Menschen in Barkenberg. Die Siedlung wirkt zwar freundlicher als so manches Hochhausviertel, gleichzeitig aber auch etwas trostlos und verlassen.

AUF ERKUNDUNGSTOUR Das Habiflex ist von zwei Seiten aus gut zu sehen. Man kommt sehr nah an das Gebäude heran, die Wege rund um das Haus scheinen begehbar, doch die Türen sind verriegelt und die Fensterrahmen der unteren Etage mit Brettern vernagelt. An den grauen Betonwänden hat sich eine dunkle Patina gebildet, die oberen Etagen sind mit Holzlatten und schwarzen Platten verkleidet, an weißen Steinwänden rankt Efeu empor, die Fenster haben interessante Formen. Irgendwie wirkt das verwinkelte Gebäude lebendig, und man möchte dem Haus zurufen: »Schade, dass es nicht funktioniert hat!« Tatsächlich hat eine Studienarbeit der BTU Cottbus ergeben, dass eine Renovierung des Gebäudes sich eher lohnen würde als ein Abriss. Die Stadt Dorsten ist informiert, doch die Zukunft des Gebäudes ist noch ungewiss.

Spaziergang durch Barkenberg

Der Stadtteil Barkenberg lässt sich – so war es auch geplant – am besten zu Fuß erkunden. Der Napoleonsweg führt entlang einer

Das Habiflex war ein Projekt der Modellstadt für neues Wohnen in Wulfen-Barkenberg.

Grünachse quer durch die Siedlung. Vom Habiflex ist er über die Sandkuhle und einen Fußweg erreichbar. Man passiert dabei die ebenfalls architektonisch interessanten Gebäude der St. Barbara-Kirche und der Finnstadt, bevor man zum Wulfener Markt gelangt, an dem einst die Ladenpassage stand. Diese wird gerade abgerissen (Stand Mai 2023) und durch einen Neubau ersetzt.

17

WER ZAHLT DIE ZECHE?

Der Förderturm Zeche Auguste Viktoria Lippramsdorf

Andenken an die Kohleförderung sind im Münsterland nicht unumstritten, vor allem dann, wenn sie Geld kosten. Das könnte dem Erhalt des besonders geformten Förderturms in Lippramsdorf im Wege stehen.

Adresse Burgstraße/Feldmarkstraße, 45721 Haltern am See, Kreis Recklinghausen **GPS** 51.7142, 7.1187 **Anfahrt** Mit der Bahn bis Haltern am See (Regionalbahn ab Münster oder Recklinghausen, S-Bahn ab Essen); mit dem Auto über die A 43 bis Haltern und weiter über die B 58 und Landstraßen

Ein großes A: der charakteristische Förderturm der Zeche Auguste Viktoria in Lippramsdorf

Auch Nebengebäude stehen noch; einige Relikte der aktiven Zeit liegen verstreut im Gebüsch.

A-FÖRDERGERÜST Die moderne Form des Förderturms der Zeche in Haltern-Lippramsdorf verrät, dass es sich um ein Zechenbauwerk jüngeren Datums handelt. Direkt nördlich der Lippe steht das sogenannte »A-Fördergerüst« mit einer stolzen Höhe von 41 Metern, dessen Form an den Buchstaben A erinnert. Er wurde für den Schacht 8 der Zeche Auguste Victoria errichtet, der zunächst nur ein Wetterschacht war, also die Stollen mit Frischluft versorgte. 1978 wurde er zum Seilfahrts- und Materialschacht ausgebaut. Er beförderte bis 2015 Bergleute und förderte Kohlenerz aus einer Tiefe von knapp 1300 Metern zutage. Bei Personenfahrten hatten die Körbe eine Geschwindigkeit von etwa neun Metern pro Sekunde, also etwa 32 km/h. Die Sohle in 1300 Meter Tiefe war nach knapp drei Minuten erreicht, doch waren die Arbeiter dann meist noch nicht an ihrem Einsatzort. Unterirdisch verlief ein weit verzweigtes Netz von Stollen, in denen die Kumpel mit Dieselzügen bis zur Abbaufront gefahren wurden.

DAS ENDE Zum Betriebsende waren noch 3800 Menschen auf der Zeche Auguste Victoria beschäftigt. Sie war die vorletzte Zeche im Münsterland, die geschlossen wurde. Als der Standort in Lippramsdorf 2015 aufgegeben wurde, förderte noch bis ins Jahr 2018 die Zeche Anthrazit in Ibbenbüren Steinkohle. Die Ruhrkohle AG wollte die Schachtanlage eigentlich abreißen lassen, doch hat die Stadt Haltern diese vorläufig unter Denkmalschutz gestellt. Eine gewerbliche Nutzung des Geländes wäre zwar weiterhin möglich, doch mit zusätzlichen Kosten verbunden. Eine Erhaltung des Förderturms würde über zwei Millionen Euro kosten, so Zeitungsberichte; das könnte der alte Betreiber nicht stemmen.

ERHALTENSWERT? In Haltern gibt es auch viele kritische Stimmen, was den Erhalt des

Von der Straße aus gut zu sehen: die vielen Seilscheiben. Sie drehten sich bis 2015.

Industriedenkmals betrifft. Selbst der tradtitionsverbundene Heimatverein legt nicht viel Wert auf den Turm, der für eine Epoche steht, die in der Region großen landschaftlichen Schaden angerichtet hat. Hierin unterscheidet sich das Münsterland offenbar vom Ruhrgebiet, dessen Identifikation mit dem Kohlebergbau hoch ist.

GUT IM BLICK Den besten Blick auf die alte Zechenanlage hat man nicht aus der Nähe, sondern vom südlichen Ufer der

Lippe aus. Vom Ausgangspunkt Wanderparkplatz, der direkt nördlich der Lippebrücke an der Lippramsdorfer Straße liegt, kann man die Brücke zu Fuß überqueren. Zwischen Lippe und dem Wesel-Datteln-Kanal führt ein Weg auf den südlichen Lippedeich. Das Zechengelände ist von dort etwa 500 Meter entfernt. Der Turm steht zwischen weiteren Nebengebäuden, die zur Zeche gehörten. Genau genommen blickt man hier vom Ruhrgebiet ins Münsterland – die Lippe ist der Grenzfluss zwischen beiden Regionen. Vom Norden her führt die Burgstraße bis an das umzäunte ehemalige Zechengelände heran. Dort ist man dem Turm mit seinen zwölf Seilscheiben recht nahe. Auch die verlassenen Nebengebäude sind von diesem Weg aus gut zu überblicken. Auf dem überwucherten Gelände befinden sich sichtbar noch einige Überbleibsel aus der aktiven Zeit: Strom- und Verteilerkästen, Lampen, Kabel.

Die Ritter zu Ostendorf

In unmittelbarer Nähe des Förderturms befindet sich ein weiteres interessantes Bauwerk: das alte Rittergut Ostendorf. Teile des Gebäudes werden heute von einer Baufirma genutzt. Die früheste Erwähnung des Gutes stammt aus dem Jahr 1316, doch stand an dieser Stelle bereits im 12. Jahrhundert eine Wasserburg. 1924 und 1934 brannten große Teile der Burganlage aus. 1982 kaufte die Mertmann KG das Gebäude und baute es für ihre Nutzungszwecke um. Von der Straße aus ist die historische Ansicht aber größtenteils erhalten. Markant sind das große längliche Steingebäude und eine Tordurchfahrt.

In direkter Nachbarschaft befindet sich ein altes Rittergut, das heute zum Teil von einer Baustofffirma genutzt wird.

Vor 2000 Jahren Römerlager, vor 1000 Jahren eine bischöfliche Burg – und beide bewachten den Fluss.

18

RÖMERLAGER – RITTERGUT – RUINE

Die Rauschenburg Olfen

Gut bewacht wurde dieser Ort an der Lippe schon vor 2000 Jahren – damals, weil der Standort strategisch wichtig war, heute, weil Besucher vor einstürzendem Mauerwerk geschützt werden sollen.

Adresse Dattelner Straße 84, 59399 Olfen, Kreis Recklinghausen **GPS** 51.6824, 7.3579
Anfahrt Mit dem Bus (Linie 91) ab Datteln oder Olfen; mit dem Auto über die A 2 bis Henrichenburg und weiter über die B 235

LAGER AN DER LIPPEFURT Bereits zu Zeiten der Römer war die seichte Stelle der Lippe bei Olfen ein strategisch wichtiger Ort. Hier lag eine Furt, über die Pferdewagen gezogen werden konnten. Und auch die Lippe hatte eine große Bedeutung für die Römer. Mit ihren Schiffen fuhren sie vom Rhein über die Lippe bis weit in das Gebiet der Germanen hinein. In Olfen entstand in der augustinischen Zeit deshalb ein Römerlager, in dem bis zu 1000 Legionäre stationiert werden konnten, wohl auch, um den Weg über die Lippe zu kontrollieren. Nach der Unterwerfung der Germanen im Jahr 8 vor unserer Zeitrechnung wurde die Anlage, die vermutlich aus Holz und Lehm bestand, allerdings geräumt und vollständig aufgegeben.

BISCHÖFE ALS BRÜCKENBAUER Als befestigte Burganlage an dieser Stelle wurde erstmals im 11. Jahrhundert das Rittergut Rauschenburg erwähnt. Im 14. Jahrhundert schlossen der Bischof von Köln und der Bischof von Münster einen Vertrag über den Bau einer Brücke. Ob sie gebaut wurde und wie lange sie die beiden Ufer der Lippe verband, ist allerdings nicht überliefert. In den Jahren 1444 und 1498 wurden erneut Verträge über einen Brückenbau geschlossen. Die Nachbarschaft der beiden Bistümer war in dieser Zeit jedoch alles andere als friedlich. Die Rauschenburg, in der Truppen des Stiftes Münster stationiert waren, wurde 1418 vom Kölner Bischof belagert und eingenommen. 1470 gelangte sie in den Besitz von Johann von Hake, der sich daraufhin Johann von Rauschenburg nannte. Zwei Erbstreitereien und Verkäufe später – wir sind bereits im 19. Jahrhundert angelangt – gehörte die Burg der Familie Twickel zu Havixbeck. Leider kümmerte diese sich wenig um den Erhalt und die Pflege der Anlage, sodass die Burg zunehmend verfiel. 1878 wurde das Obergeschoss abgetragen, die Steine nutzte man für einen Brückenneubau. Dennoch blieb die Burg noch bis 1900 bewohnt – vermutlich aber nur die Teile, in die es nicht hineinregnete.

DER FEURIGE ELIAS Die Burg bestand in ihrer Hochzeit aus drei Geschossen mit einem Turm. Sie war von einem Wassergraben, einer sogenannten »Gräfte«, umgeben, über die eine Zugbrücke führte. Auch Wirtschaftsgebäude und Stallungen gehörten zur Anlage. Und natürlich eine Spukgeschichte. So sollen sich die Mägde an ihren Backabenden – immer dann, wenn der Abendhimmel besonders rötlich strahlte – vom feurigen Elias erzählt haben. Doch waren diese Geschichten tatsächlich gruselig? Oder eher amouröser Natur?

Inmitten reizvoller Natur: Gemächlich fließt die Lippe durch eine Auenlandschaft.

DIE RUINE HEUTE Die Burgruine ist baufällig und die Insel, auf der sie liegt, darf nicht betreten werden. Der aktuelle Besitzer des Grundstücks, so verrät ein Zeitungsartikel, hat in seiner Kindheit noch selbst in den Ruinen gespielt, doch als eines Tages in den 1970er-Jahren ein ganzer Torbogen einstürzte, wurde das Betreten der Anlage verboten. Es führt allerdings ein Wanderweg um die Anlage herum, von dem aus die Ruine mitsamt dem Wassergraben gut zu sehen ist.

Im Naturschutzgebiet

Der Wanderweg führt auch durch die Lippeauen, ein geschütztes Naturgebiet. In direkter Nachbarschaft leben unter anderem Kanadagänse, vor denen man sich etwas in Acht nehmen sollte – sie können bei Annäherung streitbar werden. Folgt man dem Weg unter der Brücke hindurch, gelangt man zum Hotel und Restaurant Zur Rauschenburg. Dort soll es zur Saison köstlichen Spargel geben.

19

WILDE JÄGER UND GÖTTLICHE STEINE

Wassermühle, Wotans Stein und ein Gerichtsbaum

Um das Schloss eines Reichfürsten samt Tiergarten in Raesfeld ranken sich zahlreiche Sagen mit mehr oder weniger historischem Kern. Überregional kaum bekannt, kann man auf einem zweistündigen Rundgang in die Welt der Götter und Dämonen eintauchen.

Adresse Ruine Wassermühle Lehmbrockweg, 46348 Raesfeld, Kreis Borken **GPS** 51.7536, 8.8020

Adresse Wodanstein Homerstraße, 46348 Raesfeld, Kreis Borken **GPS** 51.7755, 6.8010

Adresse Femeeiche Ekhornsloh 25, 46348 Raesfeld-Erle, Kreis Borken **GPS** 51.7454, 6.8620

Anfahrt Mit dem Bus bis Raesfeld (Linie R21 ab Borken oder Linie 72 ab Wesel); mit dem Auto über die A 31 bis Schermbeck und weiter über die B 224 und B 70

Rechtsprechung mit Schwert und Strick: Lange Zeit waren Femegerichte in Westfalen für schnelle Urteile zuständig.

Wotans Stein? Die Abdrücke könnten vom Germanengott stammen … oder von vorchristlichen Tieropfern.

DIE MÜHLE DES REICHSGRAFEN Am Rande des 130 Hektar großen Tiergartens des Schlosses Raesfeld stehen die Überreste einer Wassermühle aus dem 18. Jahrhundert. Man vermutet, dass sie später vergrößert wurde, doch von dem Ausbau sind keine Spuren mehr vorhanden. Der Bauherr war Reichsgraf und Schlossherr Alexander III. Otto von Velen. Er ließ die Mühle im frühen 18. Jahrhundert erbauen, als Schloss Raesfeld bedeutsam war. Alexander II. von Velen hatte im Dreißigjährigen Krieg im Heer der Grafen von Anholt und von Tilly gekämpft und es auf kaiserlicher Seite zu hohem Ansehen gebracht. Im Jahr 1641 wurde er deshalb zum Reichsgrafen ernannt. Mit der millionenschweren Kriegsbeute konnte er bis 1658 sein Schloss zu einer stolzen Residenz ausbauen. Sein Enkel, besagter Alexander III. Otto von Velen, erbte von seinem Vater im Jahr 1685 das Schloss und den Titel des Reichsgrafen. Er selbst war Generalfeldmarschall der kaiserlichen Truppen in den Österreichischen Niederlanden und Gouverneur der Provinz Limburg. Die männliche Erblinie der von Velen starb jedoch mit dem frühen Tod von Alexanders Sohn im Jahr 1733 aus. Über viele Jahre stand das Schloss nun leer, auch der Tiergarten verwilderte.

VOM SCHLOSS ZUM LANDGUT 1822 kaufte Ignaz von Landsberg-Velen das Anwesen, nutzte es jedoch landwirtschaftlich und nicht mehr als prunkvolle Residenz. Aus dem Tiergarten wurde eine Ackerfläche. Ob in dieser Zeit die Wassermühle bereits eine Ruine war oder das Baumaterial für Reparaturen am Schloss benötigt wurde, ist nicht bekannt. Erst 1927 wurde Letzteres restauriert – heute ist das Gebäude im Besitz der Stadt Raesfeld. Die Ruine der Mühle findet sich an einem Bach am westlichen Rand des Tiergartens, rund zwei Kilometer vom Schlossgebäude entfernt. Das Fundament eines der Mühlengebäude und Teile zweier Mauern aus Ziegel- und Feldstein stehen noch. Angelehnt an die Mauerreste befindet sich ein Mühlstein.

DER STEIN DES WILDEN JÄGERS? Wer nochmals etwa zwei Kilometer nördlich der Mühlenruine auf einem Fußweg weiterläuft, findet dort, ein wenig abseits der Straße, am Wegrand den Wodanstein. Der Granitblock ist nicht besonders groß (nur etwa 1,4 Meter Durchmesser und 60 Zentimeter Höhe), soll aber die Abdrücke des Fußes des Wilden Jägers von Raesfeld, seines Gewehrkolbens und der Pfote seines Hundes enthalten. So zumindest erzählt es die Sage vom Wilden Jäger, und die geht folgendermaßen: Der Sohn eines Bauern, dessen Gut sich in der Nähe des Schlosses Raesfeld befand, hatte nur eines im Sinn: die Jagd. Er dachte nicht daran, seinem Vater auf dem Hof zur Hand zu gehen, das Land zu bestellen und ebenfalls ein rechtschaffener Bauer zu werden. Tag für Tag ging er dem Weidwerk nach. Als der Bauer alt und krank ward, rief er seinen Sohn an sein Sterbebett, um ihn noch ein letztes Mal an seine Pflicht zu erinnern, den Hof des Vaters fortzuführen. Doch der ergriff sein Gewehr und ging auch an diesem Tag auf die Jagd. Ob seines Zornes verfluchte der Bauer seinen Sohn und rief mit letzter Kraft: »So jage denn bis zum jüngsten Tag!« Dann starb er. Natürlich ging sein Fluch in Erfüllung. Bis heute muss der Sohn in den zwölf heiligen Nächten zwischen Weihnacht und Dreikönig auf die Jagd. Und deshalb hört man jedes Jahr aufs Neue im Waldstück Lanzenhagen bei Raesfeld die Gewehrsalven des Wilden Jägers und das Gebell seines Hundes.

DER STEIN WOTANS? In manchen der Geschichten um den Stein taucht hingegen der germanische Gott Wodan – auch Wotan genannt – auf. Er selbst soll in den heiligen Nächten mit seiner Meute, dem Teufel und den Hexen, durch den Wald ziehen und zu seinem Stein kommen. Wie auch immer, gesichert ist: Der Wodanstein ist ein Findling, den die Gletscher der Saaleeiszeit vor rund 200.000 Jahren von Skandinavien ins Münsterland gebracht haben. Vermutlich handelt es sich um einen Opferstein. Hier trafen sich in vorchristlichen Zeiten wohl Anhänger der germanischen Götter und brachten Tieropfer dar. Die Einkerbungen im Stein könnten zum Auffangen des Blutes der Tiere gedient haben – mit Ritualen, die ähnlich abgelaufen sein könnten wie am Heidentempel in Tecklenburg (siehe Seite 141).

DIE URALTE FEMEEICHE VON ERLE Etwa zwei Kilometer südlich von Raesfeld liegt das Dorf Erle. Dort steht eine jahrhundertealte Zeugin der mittelalterlichen Gerichtsbarkeit: eine Femeeiche. Im Mittelalter ging es wenig zimperlich zu, wenn es um die Verhandlung von Verbrechen ging. An vielen Orten gab es Femegerichte, wo die freien Grafen gemeinsam mit Schöffen Recht sprachen. Gerichtet wurden meist Schwerverbrechen wie Mord, Raub, Brandstiftung oder Meineid. Ein Schuldspruch hatte stets den Tod durch den Strang zur Folge. Unter der Femeeiche wurden bis ins Jahr 1589 Gerichtsverhandlungen abgehalten. Der Baum ist vermutlich zwischen 600 und 850 Jahre alt und damit eine der ältesten Eichen Deutschlands.

Auf dem Sagenweg

Die Geschichte des Wilden Jägers und weitere zum Teil spannende bis gruselige Geschichten aus Raesfeld werden auf dem sogenannten »Sagenweg« beschrieben. Die Route führt vom Ortskern zum Schloss und erzählt insgesamt 13 Sagen auf 13 Tafeln. Ihr Ursprung wird rund um das Schloss Raesfeld vermutet, wo sich rätselhafte Vorgänge ereignet haben sollen, die der Lehrer Hermann Büscher niederschrieb und 1930 in seinem Buch *Bramgau-Sagen* veröffentlichte. Weitere Informationen dazu sind auf der Website der Stadt Raesfeld zu finden (raesfeld.de/tourismus-kultur).

Am Rande des Schlossparks von Raesfeld steht eine alte Mühlenruine. Über ihre Geschichte ist allerdings wenig bekannt.

Einst ein stattlicher Hof am Stadtrand von Ahaus, heute dem Verfall preisgegeben

20

OPFER DES HÖFESTERBENS?

Der verlassene Bauernhof in Ahaus

Auch wenn nicht mehr viel über die Geschichte des Hofguts an der Heeker Straße herauszufinden ist, lohnt ein genauerer Blick auf die alten Mauern.

Adresse Heeker Straße 93, 48683 Ahaus, Kreis Borken **GPS** 52.0914, 7.0279
Anfahrt Mit der Bahn bis Ahaus (Regionalbahn ab Dortmund oder Enschede); mit dem Auto über die A 31 bis Legden/Ahaus oder Heek und weiter über die Landstraße

WAS NOCH ÜBRIG IST Direkt an einem Kreisverkehr am Stadtrand von Ahaus liegt ein alter Bauernhof. Ein großes Gewerbegebiet rechts der Heeker Straße präsentiert mit seinen geraden, modernen Hallen und großen Glasfronten das wirtschaftliche Potenzial dieser Grenzregion zu den Niederlanden. Links öffnet sich der Blick auf die freie Landschaft: Alleen im Hintergrund, einzelne Stallungen und – schon hinter hohem Heckenbewuchs – der besagte Bauernhof. Die Gebäude sind noch da, die Bauern nicht mehr. Die Fenster sind mit Brettern abgesichert, das Dach löchrig, die asphaltierte Zufahrt und ein Teil des Grundstücks mit einem Bauzaun versperrt, der kaum mehr aufrecht stehen kann. Tonnen und Möbelstücke sind auf dem Gelände verteilt, der Hof mit Scherben bedeckt. Wer hat hier gewohnt? Und seit wann steht er leer?

FRAGEN ÜBER FRAGEN Über die aktive Zeit des bäuerlichen Betriebes ist kaum etwas herauszufinden, sicher ist nur: Der Hof wird schon seit mindestens zehn Jahren nicht mehr bewirtschaftet. Ein möglicher Grund für den Niedergang könnte der Bau des Nordrings im Jahr 2011 gewesen sein – die Namensgebung der Straße südlich des Anwesens stammt aus diesem Jahr. Das Gewerbegebiet gegenüber wurde wohl in den späten 1980er-Jahren errichtet, die Benennung des Schuhmacherringes fand im Jahr 1987 statt. Vielleicht wurde bei dessen Bau ein Stück der Anbaufläche des Hofes veräußert. Führte das zu seinem Niedergang? Oder waren andere Ursachen im Spiel? Gründe für das Hofsterben gibt es viele: ein Generationenwechsel, der nicht funktionierte; fehlendes Geld für eine Modernisierung; der Baudruck, der auf Agrarflächen lastete … Auf einer alten Landkarte von 1877, damals natürlich noch ohne Kreisverkehr und Gewerbegebiet, ist um den Hof die Bauernschaft »Harpering« eingezeichnet. War das möglicherweise auch der Name des Hofes?

FAKTEN ZUM HÖFESTERBEN Im Kreis Borken ist der Anteil der Agrarfläche an der gesamten Grünfläche von 2007 bis ins Jahr 2012 von 43 auf 32,8 Prozent zurückgegangen. Die gesamte landwirtschaftliche Fläche schrumpfte von 96.319 (2006) auf 93.996 Hektar. Dabei hat der Landkreis Borken in Nordrhein-Westfalen noch die größte Anzahl an Höfen – im Jahr 2011 waren es 2853 Betriebe –, allerdings hat Borken auch die drittgrößte Fläche aller Landkreise. In der Stadt Ahaus ist die durchschnittliche Betriebsgröße mit 24 Hektar sehr klein, im Münsterland beträgt sie durchschnittlich

30 Hektar, in Deutschland sogar 563). Der Trend geht zu immer weniger, dafür größeren Höfen, während die Zahl der kleinen Höfe deutschlandweit abgenommen hat, zwischen 2001 und 2012 beinahe um ein Drittel. Über diesen Zeitraum und diese Problematik wurden viele Zahlen veröffentlicht, dennoch änderte sich an den Bedingungen für die Landwirtschaft in den Folgejahren nur wenig. Grund dafür ist vor allem der Preisdruck, denn in Deutschland sind im Vergleich zu anderen europäischen Ländern Lebensmittel sehr günstig. Die striktere Einhaltung von EU-Grenzwerten zur Stickstoffbelastung in Fließgewässern und Böden, wie sie die Niederlande seit einigen Jahren praktizieren, könnte in Deutschland den Trend des Höfesterbens noch verstärken, es sei denn, die Bauern setzen verstärkt auf pflanzliche Produkte anstelle von intensiver Viehhaltung, bei der viel Gülle anfällt. Gegenhalten können bisher vor allem Biohöfe, deren Anzahl stetig wächst. Aufgrund der höheren Preisen für die Produkte können auch kleinere Höfe rentabel wirtschaften. Relativ neu ist zudem das Konzept der solidarisch produzierenden Höfen, bei denen die Produkte ausschließlich in wöchentlichen Lieferungen an Stammkunden beziehungsweise Abonnenten abgegeben werden.

Auf Schlossmuseums-Tour

Sehenswert in Ahaus ist vor allem das barocke Schloss, eine ehemalige Residenz des Fürstbischofs von Münster. Architektonisch ähnelt es dem Schloss Nordkirchen (siehe Seite 68). Das Schloss Ahaus beherbergt ein Schulmuseum und das Tormuseum mit einer Ausstellung von Gebrauchsgegenständen aus dem fürstbischöflichen Besitz.

Symbolisch für das Höfesterben?
Zwischen 2001 und 2012 stellte ein Drittel der Bauernhöfe ihren Betrieb ein.

21

DER HIRSCH IST ERLEGT

Café-Restaurant »Zum Hirsch«

Einst war es ein beliebtes Ausflugslokal in Bocholt. Seine Speisekarten sind noch heute im Internet zu finden, doch vor Ort wird man nicht mehr bedient. Brand Nummer zwei bedeutete das Aus für die Betreiber.

Adresse In der Ziegelheide 223, 46397 Bocholt, Kreis Borken **GPS** 51.8509, 6.6627
Anfahrt Mit der Bahn bis Bocholt (Regionalbahn ab Oberhausen); mit dem Auto über die A 3 bis Hamminkeln oder Rees und weiter über Bundesstraßen oder über die A 31 bis Borken und weiter über die B 67

Das Schild steht noch, doch Kaffee und Kuchen wird im Hirschen nicht mehr serviert.

Hinter dichtem Bewuchs ist noch der moderne Anbau zu erahnen; die Gaststätte war bei Ausflüglern recht beliebt.

»SPEZIALITÄTEN: HAUSSCHLACHTUNG« Gegenüber von einem kleinen Badesee, direkt am Waldrand, lag einst ein attraktives Ausflugslokal – das perfekte Ziel für Touren mit dem Fahrrad, die nicht zuletzt hier, nahe der niederländischen Grenze, heute überaus beliebt sind. Auch für Wanderungen oder Spaziergänge bot es eine wunderbare Möglichkeit, entweder in der Gaststätte oder auf der Terrasse vor dem Haus einen Stopp einzulegen, um Kaffee und Kuchen, einen Eisbecher oder einen großen Radler zu genießen. Erbaut wurde das Café-Restaurant im Jahr 1930 und nach seinem Gründer Reinhold Hirsch »Café Hirsch« getauft. Eine alte Ansichtskarte, wohl aus den 1970er-Jahren, zeigt das Haus samt Terrasse. Die Tische stehen im Schutz des Palisadendaches und sind mit blau-karierten Tischdecken fein gedeckt. Die Postkarte nennt W. Kappenhagen als Pächter, die Beschreibung lautet: »Café Hirsch – Saalbau, Ausflugslokal mit Spielplatz, Spezialitäten: Hausschlachtung«. Das Eingangsschild prangt heute noch über dem überwucherten Eingang. Einen ersten Brand im Jahr 1965, bei dem Stallungen und der Saal zu Schaden kamen, überlebte die Gaststätte, den zweiten Brand ihrer Geschichte hingegen nicht: In der Nacht auf den 21. Oktober 2002 verwüstete ein Großbrand das gesamte Gebäude. Selbst 60 Einsatzkräfte mit zehn Fahrzeugen konnten das Haus nicht retten, der Schaden wurde auf rund 1,5 Millionen Euro geschätzt. Die Polizei geht von Brandstiftung aus.

SAMSON UND IDEFIX Seit der Katastrophe blieb das Gebäude sich selbst überlassen. Das Grundstück ist aber nur lückenhaft mit einem Bretter- und Bauzaun abgesperrt. Offenbar liegen noch Speisekarten herum, die den Brand überstanden haben – zu sehen auf Videos vom Inneren des Hauses, die auf YouTube im Internet kursieren. Und sie gewähren uns heute einen kleinen Einblick in die kulinarischen Vorlieben der einstigen Gäste: So gab es etwa den VW-Cocktail, Weinbergschnecken, verschiedene Suppen und »für unsere kleinen Gäste« ein paniertes Schnitzel »Samson« sowie das Rindersteak »Idefix«. Auch die Bestellnummern sind er-

Zur Straße hin hält ein Bretterzaun ungebetene Gäste davon ab, das Gelände zu betreten.

halten, die Preise aber nicht mehr zu erkennen. Vermutlich radeln heute noch manche Bocholterin und Bocholter hier vorbei, die in ihrer Kindheit »Samson« oder »Idefix« verspeisen durften.

OHNE ZUKUNFT? Das Grundstück des Restaurants grenzt direkt an die Straße »In der Ziegelheide«, vom Weg aus ist das Gebäude nur wenige Meter entfernt. Das weitestgehend intakte Hauptgebäude mit dem Spitzdach, das Eingangsschild, und der pavillonartige Anbau sind selbst hinter starkem Buschbewuchs gut zu erkennen. Vor allem der Anbau ist stark mitgenommen, Scheiben sind geborsten, das Dach beschädigt. Das Grundstück ist durch einen Bretterzaun vor ungebetenen Gästen geschützt, blaue, gefüllte Säcke und weiterer Unrat liegen überall herum. Weshalb fand sich niemand, der das Gebäude an diesem traditionellen und wohl auch lukrativen Ort sanieren und als Ausflugslokal weiterführen wollte? Sicherlich schreckten natürlich die Kosten ab, doch vermutlich war es eher das Fehlen einer gültigen Baugenehmigung, das das Ende besiegelte. Denn trotz des Altbestandes auf dem Grundstück existiert für diesen Bereich von Bocholt kein entsprechender Bebauungsplan.

Umgebungsprogramm

Da es auf der Terrasse vom Café Restaurant »Zum Hirsch« heute ja weder Kaffee und Kuchen noch erfrischende Kaltgetränke gibt, lohnt sich in den Sommermonaten ein Besuch direkt gegenüber. Dort liegt das Naturschwimmbad Tonwerke. Es gehört zwar zum lokalen Schwimmverein, doch ist es möglich, als Gast dort eine Tageskarte zu erwerben. Der im nächsten Kapitel (siehe Seite 104) beschriebene Schießstand aus dem Zweiten Weltkrieg befindet sich im angrenzenden Wald und ist mit einem Spaziergang von rund 1,5 Kilometern zu erreichen. Wer möchte, kann auch den Rundweg über die Straßen »Am Ziegelofen«, »In der Ziegelheide« und angrenzende Waldwege erkunden.

Nachdem es gebrannt hatte,
war das Ende gekommen – 2002 musste die Gaststätte schließen.

Gut versteckt im Wald, wurde hier vermutlich ab dem Jahr 1939 geschossen.

22

SCHÜTZENHILFE IM WALD

Die Schießanlage aus dem Zweiten Weltkrieg

Mitten im Wald, abseits der Hauptwege, befinden sich Ziegelsteinmauern von mehreren Hundert Meter Länge. Einst trainierte hier die österreichische Legion das Schießen.

Adresse Schießstand Am Ziegelofen, 46397 Bocholt, Kreis Borken
GPS 51.8581, 6.6624

Adresse Gedenkstätte Lager Wiener Allee 26, 46397 Bocholt, Kreis Borken
GPS 51.8562, 6.6519

Anfahrt Mit der Bahn bis Bocholt (Regionalbahn ab Oberhausen); mit dem Auto über die A 3 bis Hamminkeln oder Rees und weiter über Bundesstraßen oder über die A 31 bis Borken und weiter über die B 67

TOR IN EINE ANDERE ZEIT Startet man auf der Straße »Am Ziegelofen«, führt nach etwa 200 Metern ein schmalerer Weg schräg vom Hauptweg im Wald ab. Folgt man diesem Trampelpfad, ist ein verstecktes Gelände zu finden. Als Erstes fallen die roten Ziegel des Tores unter dichtem Efeubewuchs auf. Geht man durch das Tor, betritt man gleichsam eine andere Zeit. Vor einem öffnet sich ein Gelände mit Mauern von mehr als Hundert Meter Länge, Gräben, Wällen und einem weiteren, massiven Backsteinwall, etwa sieben Meter hoch und mit eingelassenen Bögen. An den Mauern haben sich bereits Graffiti-Sprayer verewigt, man erkennt auch mehrere Löcher, doch wirkt das Gebäude nicht einsturzgefährdet, sondern für einen verlassenen Ort recht aufgeräumt. Nur vereinzelt liegen Dosen oder Flaschen herum. Der Zweck des Bauwerkes erschließt sich nicht auf den ersten Blick – eine militärische Nutzung ist aber naheliegend.

AUF ERKUNDUNGSTOUR Der Schießstand befindet sich hinter dem Torgebäude. Man kann oberhalb auf Dämmen oder unterhalb zwischen mehreren langen Mauern gehen und die hohe Mauer an der Seite des Geländes erreichen. Besonders für Fotoaufnahmen eignet sich das Gelände mit den Backsteinmauern als Kulisse, am besten im Abendlicht. Die Mauern werden von Bäumen überragt, sodass sich schöne Effekte mit Licht und Schatten ergeben. Bei Regenwetter ist allerdings Vorsicht geboten, da die Wege zu den Dämmen steil über den Lehmboden verlaufen und rutschig sein können.

Mächtige Ziegelmauern umgeben das Gelände.
Heute überragen die Bäume selbst dieses Mauerwerk.

Vom Weg aus kaum zu sehen:
Obwohl die Anlage sehr stattlich ist, führt nur ein kleiner Waldweg hierher.

Überwuchert … und auch etwas unheimlich! Durch dieses Tor gelangt man zum Schießstand.

↑ In der Abendsonne ist die Anlage ein beliebtes Fotomotiv.
↗ Oberlicht oder Luftschacht? Auf jeden Fall regnet es hinein.

VOM TRAININGSPLATZ ZUM LAGER Im Jahr 1939 (manche Quellen sprechen bereits von 1938) errichteten die Nationalsozialisten hier einen Trainingsstand für Schießübungen. Später wurde die Anlage Teil eines etwa einen Kilometer entfernt an der Wiener Allee gelegenen Kriegsgefangenenlagers, des Stammlagers VI F. Es wurde bereits 1935 als Auffanglager für aus Österreich geflüchtete SA-Männer errichtet. Später war hier die sogenannte österreichische Legion stationiert, die schon vor dem Anschluss Österreichs an das Deutsche Reich auf der Seite der deutschen Nationalsozialisten stand. Im Gefangenenlager starben während des Krieges rund 2000 Kriegsgefangene, darunter 1736 aus der Sowjetunion. Lagerleiter war 1942 bis 1944 Hans Jauch, Großvater des bekannten TV-Moderators Günter Jauch. Als am 30. März 1945 britische Truppen Bocholt erreichten, befreiten sie die verbliebenen Zwangsarbeiter, die hauptsächlich aus osteuropäischen Ländern stammten. Nach dem Krieg sagte Hans Jauch als Zeuge der Verteidigung im Prozess gegen Alfred Krupp von Bohlen und Halbach aus. Dieser wurde angeklagt, in seinem Essener Werk Gefangene aus dem Bocholter Lager in der Kriegsproduktion eingesetzt zu haben. Nach dem Zweiten Weltkrieg wurde das Gelände als Flüchtlingslager genutzt, auch als Durchgangsla-

Hier übte sich auch die österreichische Legion im Schießen.

ger für Flüchtlinge aus der DDR und des Ungarn-Aufstandes. 1957 übernahm schließlich die Bundeswehr das Gelände.

ERINNERUNGSKULTUR Die Stadt Bocholt errichtete 1985 dort eine Gedenkstätte – ein Mahnmal und mehrere Gedenkstelen mit Texten zur Lagergeschichte; die Lagergebäude waren zu der Zeit aber bereits abgerissen. Heute ist das Gelände ein Park mit einem weiteren Lost Place ganz in der Nähe: dem ehemaligen Café-Restaurant »Zum Hirsch« (siehe Seite 100). Er ist vom Schießstand oder der Gedenkstätte aus bei einem Spaziergang von gut einem Kilometer zu erreichen.

Kleiner Grenzverkehr

Mal was ganz anderes: Bocholt liegt direkt an der Grenze zu den Niederlanden. Oder genauer gesagt: An den Bocholter Stadtteil Suderwick grenzt die niederländische Stadt Dinxperlo. Dort lockt das in Deutschland einmalige Erlebnis, auf einer Straße zu gehen, auf der über eine längere Strecke die Grenze zum Nachbarland verläuft. Alle Anwohner des Hellwegs, die auf deutscher Seite wohnen, verlassen ihr Land, sobald sie die Fahrbahn betreten. Nur der Gehweg gehört noch zur Heimatstadt. Besonderer Tipp: der Käseladen am Marktplatz und die Snackbar in Dinxperlo. Lekkertjes!

23

GAME OVER!

Die Minigolfanlage »Am Hünting« in Bocholt

Erst ein Eis ... und zur Krönung ab zum Minigolf. Am schwierigsten war immer diese verflixte Bahn, an der man den Ball in ein hängendes Netz bugsieren musste. Eine solche existiert zumindest noch am Lost Place »Am Hünting«.

Adresse Hemdener Weg 140, 46399 Bocholt, Kreis Borken **GPS** 51.8546, 6.6133
Anfahrt Mit der Bahn bis Bocholt (Regionalbahn ab Oberhausen); mit dem Auto über die A 3 bis Hamminkeln oder Rees, weiter über Bundesstraßen, oder über die A 31 bis Borken und weiter über die B 67

Sie weckt Kindheitserinnerungen – die originale Minigolfanlage der 1970er-Jahre

VOM GLÜCK IM MINIATURFORMAT Eine Hecke und ein Zaun grenzen die verwunschene und zugewachsene Minigolf-Anlage »Am Hünting« von der Straße ab. Einige Einblicke sind vom Hemdener Weg oder – noch besser – von der Querstraße »Up de Welle« möglich. Die Besichtigung dieses Lost Place versetzte mich gedanklich zurück auf die Originalminigolfbahn meiner Kindheit, wo ich in den 1970er-Jahren im südlichen Münsterland spielte … Wie oft waren wir am Cappenberger See in Lünen, wo es Ruderboote zu mieten gab, eine echte alte Lokomotive zum Spielen und ein Klettergerüst in Form eines lebensgroßen Elefanten? Am Kiosk gab es Eis im Hörnchen oder eine Schnuckertüte. Manchmal ruderten wir auch über den See, doch nur zu ganz besonderen Anlässen spielten wir eine Runde Minigolf! Die Bahnen waren aus grauen Platten, mit farbigen Metallbanden umrandet, die Hindernisse in kräftigen Farben: Blau, Rot, Gelb und Grün. Und als Deko-Element durfte ein farbiger Traktorreifen nicht fehlen. Der Ball musste mit dem Schläger entweder über die Hindernisse geschlagen werden, drumherum oder durch eine Öffnung im Hindernis hindurch – manchmal mit Schwung, manchmal elegant und gezielt. Wenn der Ball in der kleinen Mulde landete, machte es ein dumpfes Geräusch. Verzweifelt bin ich regelmäßig an dieser einen Bahn, wo der Ball mit

Ob mit dem ersten oder dem letzten Schlag – der Ball musste ins Netz!

Schwung in das hoch hängende Netz geschossen werden sollte. Also zurück an den Start … Egal, ob man es im ersten, fünften, neunten Schlag oder gar nicht getroffen hatte (was meistens der Fall war). Wenn ich aber traf, wurde die Zahl der Schläge stolz auf den Zettel am Klemmbrett geschrieben, an dem ein Bleistift befestigt war.

6 METER 25 ETERNIT Die Jahre vergingen, die Bahnen wurden moderner, vor allem die Anlagen und Hindernisse, doch das Prinzip der Stationen blieb gleich. Beim System Miniaturgolf Abteilung 2 bestehen die Bahnen aus Faserzementplatten (Eternit), 6,25 Meter lang und 90 Zentimeter breit und in Eisenwinkelrahmen eingefasst. Es gibt 25 genormte Bahnen und Hindernisaufbauten. Der Deutsche Minigolfverband spielt Turniere und überregionale Ligen aus und führt eine deutsche Rangliste. In Nordrhein-Westfalen gibt es rund 60 Vereine, einen auch in Bocholt.

DER KING IST TOT Der Golfplatz »Am Hünting« wurde zuletzt unter dem Namen »Minigolf King« verpachtet. Im Sommer 2020 wurde die Anlage sogar renoviert (Bilder davon sind auf der Facebookseite von @ MiniGolfKingBocholt zu sehen), die Stadt Bocholt genehmigte allerdings keine Pläne für die Errichtung eines Imbisses auf dem Platz. Und das führte – in Kombination mit den Corona-Auflagen –letztendlich wohl zum Aus für den Pächter. Zwar gibt es Pläne für die Weiternutzung als Minigolfplatz; doch sollte sich kein neuer Pächter für die Anlage finden, soll das Gelände künftig als Kleingartenanlage genutzt werden. Übrigens: Wen nun die Lust gepackt hat, selbst eine Runde auf den kleinen Bahnen zu spie-

len: In Bocholt ist die Minigolfanlage am Aasee empfehlenswert. Und ja: Nicht nur Münster, auch Bocholt hat einen Aasee.

Von der Bahn zum Cross

Ein weiterer Lost Place ganz in der Nähe ist die alte Radrennbahn »Am Hünting«. Sie liegt auf der anderen Seite des Fußballstadions. Dort fanden in den 1960er-Jahren Radrennen vor bis zu 5000 Zuschauern statt. Die Bahn als solche existiert heute nicht mehr, sie wurde zu einer Fahrrad-Cross-Bahn umgebaut. Eine kleine erhöhte Tribüne, möglicherweise der Beobachtungsstand für den Stadionsprecher, Starter oder Zeitnehmer, steht aber noch im weiten Rund, und auch der Verlauf der alten Bahn ist nach wie vor zu erkennen (Am Hünting 19/Moddenborgstraße, 46399 Bocholt, GPS 51.8565, 6.6073).

Im Sommer 2020 musste die Anlage schließen; seither fristet die Schaukel ein einsam-bewegungsloses Dasein.

Zeuge der blühenden Textilindustrie im Grenzland: die stattliche Baumwollspinnerei Germania

24

BEEINDRUCKENDER ZEUGE

Die Baumwollspinnerei Germania Gronau-Epe

Die mächtigen Ziegelsteingebäude in der Vennstraße lassen den Betrachter heute noch erahnen, wie erfolgreich die Textilwirtschaft an der niederländischen Grenze einst war.

Adresse Germania AG Epe Vennstraße 26, 48599 Gronau-Epe, Kreis Borken
GPS 52.1779, 7.0314

Adresse Baumwollspinnerei Deutschland Losserstraße 14, 48599 Gronau, Kreis Borken
GPS 52.2163, 7.0209

Anfahrt Mit der Bahn bis Epe (Westf.) oder Gronau (Regionalbahn ab Dortmund oder Enschede); mit dem Auto über die A 31 bis Gronau/Ochtrup oder über die A 1 bis Kreuz Münster-Nord, in beiden Fällen weiter über die B 54

TEXTILES WIRTSCHAFTSWUNDER Im 60. Jahr ihres Bestehens gönnte die Germania AG Epe ihren Aktionären einen gewaltigen Schluck aus der Dividendenpulle: zwölf Prozent des Aktienwertes als Bonuszahlung, nachdem bereits eine reguläre Ausschüttung von zehn Prozent genehmigt war – in der Summe also eine Dividende von 22 Prozent für das Geschäftsjahr 1956. Was heutzutage Tech-Aktien vermögen, schaffte gut zehn Jahre nach dem Krieg die Textilwirtschaft. Nahe der deutsch-niederländischen Grenze gediehen gleich mehrere Betriebe, und das Unternehmen in Epe, in dem zu der Zeit 800 Arbeitskräfte beschäftigt waren, stand ganz oben im Ranking der westdeutschen Aktiengesellschaften, was deren Jahresausschüttung betraf. Die Textilbranche boomte. Doch auch die Gewerkschaften verlangten ihren Anteil. Ihre Forderung für die deutschlandweit 320.000 Beschäftigten: eine Lohnerhöhung von 15 Prozent und eine Verkürzung der Arbeitszeiten von 45 auf 42 Wochenstunden.

DIE ANFÄNGE Dass Gronau zum Standort gleich mehrerer Unternehmen der Textilindustrie wurde, hängt mit dem Bau der Eisenbahnlinie von Enschede über Gronau nach Dortmund im Jahr 1875 zusammen, denn die Bahn ermöglichte die Industrialisierung der zuvor in Heimarbeit organisierten Baumwollspinnereien. Niederländisches Kapital, niederländische Arbeitskräfte und ein großer Absatzmarkt in Deutschland machten den Standort zusätzlich attraktiv. In Gronau gründete Mathieu van Delden bereits 1854 die erste Baumwollspinnerei. Gut 20 Jahre später, 1875, eröffnete dessen Bruder Gerrit van Delden das Unternehmen, das zur größten Spinnerei auf dem europäischen Festland werden sollte. Und in Epe, damals Nachbargemeinde von Gronau, seit 1975 aber eingemeindet, eröffnete 1881 eine Buntweberei und 1898 auch die Baumwollspinnerei Germania Epe. Gegen Ende des 19. Jahrhunderts expandierten beide Orte, die Einwohnerzahl von Epe stieg innerhalb weniger Jahre von 1500 auf über 6000, ging allerdings auch wieder auf unter 4000 zurück.

DER ANFANG VOM ENDE Der Boom der münsterländischen Textilindustrie dauerte indes nur bis in die 1980er-Jahre. Die Produktion wurde nach Asien verlegt, dort zahlten die Unternehmen günstigere Löhne und mussten weniger strikte Umweltauflagen befolgen. 1992 wurde der operative Betrieb der Germania AG in Epe schließlich eingestellt, das Vermögen jedoch bis ins Jahr 2020 als Aktiengesellschaft fortgeführt. Sie war in der Folge mit der Vermietung von Immobilien geschäftlich tätig. Das Gebäude an der Vennstraße steht seit 1995 unter Denkmalschutz. Ein Brand im Jahr 2009 machte allerdings mehr als die Hälfte der Nutzfläche unbrauchbar. Die Restfläche – immerhin rund 14.600 Quadratmeter – ist gewerblich vermietet. Ein benachbartes Grundstück, das früher ebenfalls zum Germania-Werk ge-

Die Uhr ist stehen geblieben.
Was bringt die Zeit für das Gelände?

hörte, wurde bereits geräumt. Die Fläche soll unter anderem für Seniorenwohnungen und einen Park genutzt werden. Eine Umsetzung dieser Pläne in den nächsten Jahren ist jedoch noch nicht absehbar.

UMRUNDUNG Ein Gang entlang des ehemaligen Gebäudes der Germania AG ist auch heute noch beeindruckend. Das mächtige Ziegelsteingebäude mit seinem Turm – der Schriftzug Germania I. prangt obenauf – erstreckt sich über etwa 150 Meter an der Vennstraße. Ein zweiter Turm – Germania II. – steht ein Stück entfernt an der Freifläche des Geländes. Die hohen Fenster mit weißen Rahmen sind weitestgehend intakt, erlauben jedoch keinen Blick in das Innere des Gebäudes. Ein Zaun sperrt die Anlage zusätzlich ab, auch der Weg auf den alten Fabrikhof ist versperrt. Hier sind noch das Pförtnerhaus und eine Werksuhr zu sehen, die 12 Uhr anzeigt. Direkt an der Bahnlinie befindet sich das ehemalige Verwaltungsgebäude.

DIE SPINNEREI DEUTSCHLAND In Gronau an der Losserstraße, nicht weit von der Innenstadt entfernt, stehen auch noch Überreste der Spinnerei Deutschland. Sie ist ebenfalls eine niederländische Gründung, diesmal durch Willem Jordaan im Jahr 1896. Er entstammte einer Textildynastie aus Haaksbergen und war zuvor bereits an der Westfälischen Spinnerei und der Baumwollspinnerei Gronau (BSG) beteiligt. Das Gründungskapital betrug damals 1.100.000 Mark. Mit dem Geld konnte das Gebäude errichtet und eine 800 PS starke Dampfmaschine an-

Auch das Gelände der Spinnerei Deutschland in Gronau soll entwickelt werden. Noch fehlt es aber nicht nur an Scheiben …

Im Jahr 1896 wurde die Spinnerei von einer niederländischen Textildynastie gegründet.

geschafft werden. 300 Mitarbeiter arbeiteten dort an 30.000 Spinnspindeln. Das Gelände der Spinnerei ist heute abgesperrt und weitestgehend geräumt, kann aber gut von mehreren Seiten von der Straße aus betrachtet werden.

Museums-Tipp

Besonders sehenswert ist das an das Gelände der ehemaligen Spinnerei M. van Delden angrenzende Rock- und Pop-Museum. Es befindet sich in der modern ausgebauten früheren Turbinenhalle (rock-popmuseum.de). Und in direkter Nachbarschaft, immer noch auf dem ehemaligen Gelände der Spinnerei, ist außerdem der zentrale Park der Stadt entstanden, der im Rahmen der Landesgartenschau 2003 eröffnet wurde.

Produziert wurde bis in die 1980er-Jahre; heute ist das Gebäude denkmalgeschützt.

25

ZUM SCHUTZ DER KÜHE?

Der Hofbunker Horstmar

Dass Bunker im Zweiten Weltkrieg in den Städten gebaut wurden, ist nachvollziehbar. Doch ein Bunker mitten auf dem Dorf? Das überrascht!

Adresse Schagern 3, 48612 Horstmar, Kreis Steinfurt **GPS** 52.0766, 7.2785
Anfahrt Mit dem Auto über die A 1 bis Münster-Nord, weiter über die B 54 und Landstraßen, oder über die A 31 bis Heek und weiter über Landstraßen

Das ist kein Hügel mit Ausguck, sondern ein Bunker – mitten im Dorf!

UNTER DER WEIDE Ein idyllisches Dorf. Höfe, Weiden, Wiesen. Die Straße schlängelt sich durch die leicht hügelige Landschaft. Wir sind in Schagern, einer Bauernschaft mit einer Handvoll Häuser, die zur Kleinstadt Horstmar gehört. Viel ist nicht los im Dorf. Zweimal am Tag kommt der Bus nach Schöppingen und Burgsteinfurt, viel Durchgangsverkehr gibt es nicht. Hier könnten Filme wie *Michel aus Lönneberga* oder *Neues aus Uhlenbusch* gedreht werden. Doch an einer Biegung der Dorfstraße (ein kleiner Weg mündet hier ein) befindet sich etwas Eigenartiges. Zunächst fällt nur dieses seltsame Tor auf, das direkt vor dem Weidezaun steht. Auf den zweiten Blick ist zu erkennen, dass der grasbewachsene Wall ein kleinerer Hügel auf der Wiese ist. Wohin mag die Treppe führen, die hinter der Eingangspforte im Dunkeln verschwindet? Eine Kuhwiese mit Keller?

EINZIGARTIG Tatsächlich handelt es sich um einen Bunker aus dem Zweiten Weltkrieg, der einzige erhaltene dieser Art im Münsterland. Wie viele davon gebaut wurden und wo sie einmal standen, ist heute kaum zu ermitteln. Der Bunker in Schagern

Hier geht es hinab.
Ob der Bunker wohl zum Einsatz kam?

Der Hofbunker Horstmar ist der einzige seiner Art im Münsterland.

jedenfalls wurde als Schutzeinrichtung für das Dorf gebaut. Die Anlage befindet sich auf einem Privatgrundstück, der Zugang ist aber von der Straße aus erreichbar. Der Besitzer des Grundstücks hat die Anlage als ein Mahnmal erhalten. Andere Bunker im ländlichen Raum wurden wohl abgerissen, entweder um den Platz zu nutzen oder um Erinnerungen an den Krieg aus dem Weg zu gehen. Wann der Bunker in Schagern gebaut und wie häufig er genutzt wurde, ist heute nicht mehr bekannt.

LÄNDLICHER ZIVILSCHUTZ? Dass Bunkeranlagen in Großstädten nötig waren, ist nachvollziehbar. In Münster wurden in vielen Vierteln große Bunker gebaut und auch regelmäßig als Zufluchtsort genutzt (siehe Seite 28). Dass ein Dorf mit zehn Häusern, das nicht einmal in unmittelbarer Nachbarschaft zu einer größeren Stadt liegt, Ziel von Luftangriffen werden sollte, leuchtet hingegen nicht unmittelbar ein. In Horstmar waren zwar einige Textilbetriebe ansässig, sodass die Vorsorge der Menschen auf dem Land berechtigt war; doch von Luftangriffen auf Horstmar, geschweige denn auf Schagern, wird nicht berichtet.

IM BUNKERINNEREN Zur Erkundung des Hofbunkers empfiehlt es sich, eine Taschenlampe mitzubringen. Es geht einige Stufen hinunter. Vom Vorraum gelangt man in einen kleineren Raum, von dem ein weiterer Gang abzweigt. Im hinteren Bereich gibt es einen Lüftungsschacht, durch den etwas Licht hereinfällt. Viel Platz ist im Innern nicht, wenn mehr als zehn Menschen im Bunker waren, stand oder saß man schon sehr dicht gedrängt. Ein Tipp für Schatzsucher: Im Bunker befindet sich auch ein Geocache – GC32NRZ.

Strategische Raketenbasis

Eine weitere Bunkeranlage gibt es in der Nähe, wenige Kilometer nordwestlich an der Stadtgrenze zu Schöppingen in der Nähe des Schöppinger Bergs (Haltern, 48612 Horstmar, GPS 52.0953, 7.2670). Sie stammt allerdings erst aus der Zeit nach dem Krieg und gehörte zu einem gemeinsamen Stützpunkt des US-Militärs und der niederländischen Streitkräfte. Von 1966 bis 1985 waren dort mit Atomsprengköpfen ausgestattete Langstrecken-Flugabwehrraketen des Typs Nike-Hercules stationiert. Heute wird das Gelände als Solarpark genutzt und ist umzäunt.

Der Bunker befindet sich auf Privatgelände,
das Betreten ist aber gestattet. Die Anlage soll als Mahnmal erhalten bleiben.

An der Ausgrabungsstelle der alten Wasserburg in Burgsteinfurt werden alle Stationen erklärt.

26

ASCHE ZU ASCHE

Die Reste der Wasserburg Ascheberg bei Steinfurt

Zerstört im 12. Jahrhundert, wieder ausgegraben im Jahr 1900, vor zehn Jahren restauriert und mit Infotafeln ausgestattet ... die Geschichte einer Fehde zweier Burgen.

Adresse Hollich 161, 48565 Steinfurt, Kreis Steinfurt **GPS** 52.1540, 7.35877
Anfahrt Mit der Bahn bis Steinfurt-Burgsteinfurt (Regionalbahn ab Münster oder Enschede); mit dem Auto über die A 1 bis Münster-Nord oder die A 31 bis Gronau/Ochtrup, weiter über die B 54, oder über die A 30 bis Rheine-Nord und weiter über die B 70 und B 54

DIE LIEBE NACHBARSCHAFT »Es kann der Frömmste nicht in Frieden leben, wenn es dem bösen Nachbarn nicht gefällt.« Die Wahrheit dieses Spruchs belegen wollten wohl zwei Burgherren aus Burgsteinfurt, die im 12. Jahrhundert gelebt haben. Ihre gut geschützten Wohnstätten lagen nur zwei Kilometer voneinander entfernt – zu dicht, um den Nachbarn einfach in Ruhe zu lassen. Also bekriegten sich die beiden Herren von Ascheberg und Steinfurt im Jahr 1164, und beide Burganlagen wurden zerstört. Ironie der Geschichte: Noch heute befindet sich das Gelände der alten Wasserburg Ascheberg im Besitz der nachbarlichen Eroberer, der Fürstenfamilie zu Bentheim-Steinfurt. Möglicherweise sind auch einige Mauerstücke der Ruine einige Kilometer westlich wieder zum Einsatz gekommen. Über das Schicksal der Burgherren zu Ascheberg ist heute leider nichts mehr bekannt.

BURG ASCHEBERG Erbaut im 10. Jahrhundert, blieb Burg Ascheberg forthin von allen

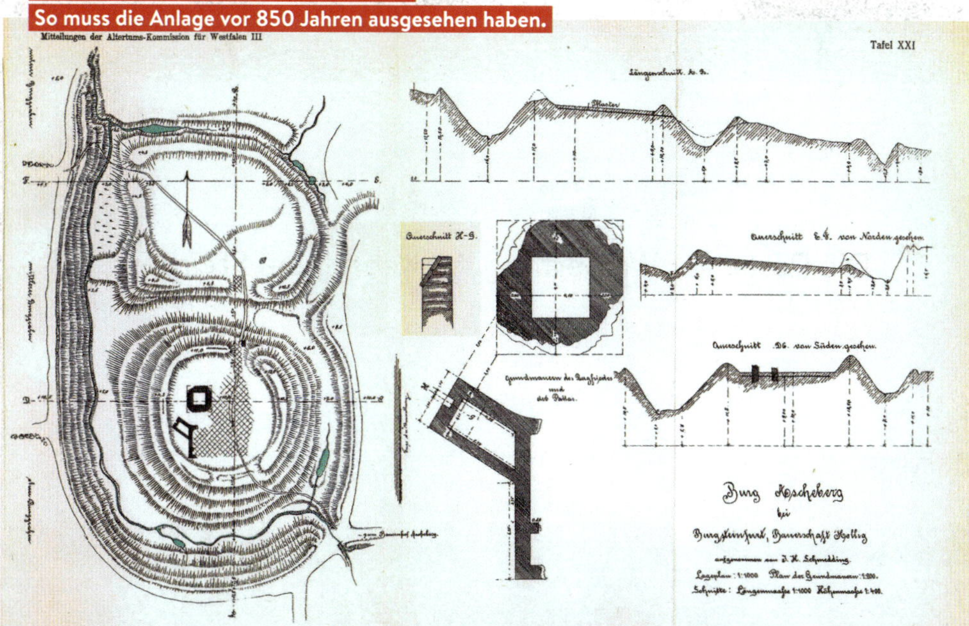

Rekonstruiert anhand von Fundstücken: So muss die Anlage vor 850 Jahren ausgesehen haben.

Landkarten getilgt und ihre Reste zudem lange unerforscht. Erst im Jahr 1900 machte sich der Baurat Johann Heinrich Schmedding an die Ausgrabung der bis zu 2,4 Meter dicken Grundmauern von Bergfried und Palas, dem repräsentativen Wohn- und Festsaal der alten Burg. Über 100 Jahre später wurden seine Funde gesichert und die Geschichte der Anlage auf Schautafeln vor Ort erklärt. Gefunden hat Schmedding eine zweiteilige Wallanlage (Fläche: 160 mal 100 Meter) mit einer Vor- und einer Hauptburg. Auch Reste eines Wallgrabens sind erkennbar. Die Ausgrabungen und archäologischen Untersuchungen des Bodens haben ergeben, dass auf dem Fundament aus gut behauenen Werksteinen kleinere Steine mit Mörtel aufgebracht waren. Als Burgmauer dienten lediglich Holzpalisaden, die auf dem Burgwall standen. Es wurden mehrere

Der Verlauf der Burgmauern wurde mit dieser Metallkonstruktion nachgestellt.

Gegenstände aus dem Hochmittelalter gefunden, darunter Tierknochen, Keramik und eiserne Gegenstände. Vieles deutet jedoch darauf hin, dass die Mauern der Burg nach der Schleifung 1164 abgetragen wurden. In späteren Aufzeichnungen gibt es keine Hinweise auf eine Ruine an dieser Stelle. Dort, wo einst die Fundamente der Wasserburg Ascheberg waren, sind heute die Überreste geschützt innerhalb eines Drahtgitters zu sehen. Die Wallanlage und der Verlauf des ehemaligen Wassergrabens sind auf dem Gelände gut erkennbar. Auf Infotafeln wird zudem anschaulich über die Geschichte der Burganlage und die Ausgrabungen erzählt.

Im Jahr 2013 konnte die Ausgrabung gesichert werden.

BURG STEINFURT Eine ganz andere Geschichte erlebte die im Jahr 1164 ebenfalls zerstörte Burg Steinfurt. Das heutige Schloss Burgsteinfurt, Stammsitz des Fürstenhauses zu Bentheim-Steinfurt, ist die älteste Wasserburganlage Westfalens. Die Burg wurde im 12. Jahrhundert durch den Eigentümer selbst wiederaufgebaut. Im Dreißigjährigen Krieg zwar ein weiteres Mal stark beschädigt, restaurierte man sie bis 1715 erneut. Weitere Umbauten und Renovierungen folgten, zuletzt gegen Ende des 19. Jahrhunderts, sodass die Wasserburg heute in ihrem alten Glanz erstrahlt.

Schloss Burgsteinfurt

Der heutige Besitzer der Steinfurter Anlage ist die Fürstenfamilie zu Bentheim-Steinfurt, die im Schloss Burgsteinfurt residiert. Historisch gesehen sind es die Erben der Eroberer aus dem 12. Jahrhundert. Deren Residenz ist nicht öffentlich zugänglich, kann aber nach Anmeldung von geschlossenen Gruppen an einem Termin im Monat besichtigt werden.

27

WASSER ÜBER WASSER

Die alte Kanalbrücke über die Ems

Damit große Kähne über Brücken fahren können, sind gewaltige Bauwerke nötig – wie beim Bau des Dortmund-Ems-Kanals. Und da deren Kapazitäten schon bald nicht mehr ausreichten, wurden die Bauten größer und größer.

Adresse Fuestruper Straße 44, 48268 Greven, Kreis Steinfurt **GPS** 52.041790, 7.682434
Anfahrt Mit dem Auto über die A 1, AS Greven, und weiter über die B 481

Durch dieses Kanalbecken fuhren ab dem Jahr 1899 Schiffe zwischen Dortmund und Emden.

ALLES FÜR DIE KOHLE Die zunehmende Bedeutung der Kohleproduktion im Ruhrgebiet machte gegen Ende des 19. Jahrhunderts neue Verkehrswege nötig. Die Eisenbahn konnte die Zulieferung von Erzen und den Abtransport von Kohle und Stahl nicht mehr allein bewältigen. Andere, größere Transportkapazitäten waren gefragt, der Schiffsverkehr beispielsweise. Doch gab es nicht in allen Regionen schiffbare Flüsse. Also mussten Wasserwege gebaut werden, am besten dort, wo es bereits Wasser gab, parallel zu kleineren Flüssen wie Lippe und Ems. Auch im Münsterland entstand ein Netz von Wasserstraßen: der Datteln-Hamm-Kanal und der Wesel-Datteln-Kanal entlang der Lippe im Süden sowie der Dortmund-Ems-Kanal, der das Münsterland in Nord-Süd-Richtung quert. Dabei bindet Letzterer die Metropole Münster an das Kanalnetz an. Nördlich von Münster, an der Stadtgrenze zu Greven, kreuzt die künstliche Wasserstraße die Ems. Anders als im Straßenverkehr ist eine Kreuzung bei Wasserstraßen kompliziert. Da Schiffe nicht so einfach wie ein Lkw die Fahrspur wechseln oder eine Steigung überwinden können, ist dafür eine gewaltige Brückenkonstruktion nötig. An der Ems entstand deshalb eine Kanalüberführung, kurz »KÜ« genannt, ein riesiges Wasserbecken mehrere Meter über der Ems. Oben konnten die Schiffe nach Emden oder Münster und Dortmund fahren, unten floss das Emswasser ungestört in Richtung Nordsee.

Bis 1990 war dieser Teil des Kanals als Reserve in Betrieb.

DIE ERÖFFNUNG Noch vor dem Jahrhundertwechsel war es für die Emsquerung in Greven endlich so weit: Das erste Schiff war in Sicht! Obwohl der Dortmund-Ems-Kanal erst im August 1899 feierlich durch Kaiser

Alte Technik: Sperrtoranlage im alten Kanalbecken nördlich der Brücke über die Ems

Wilhelm II. eröffnet wurde, fand die Premierenfahrt bereits Anfang Mai 1899 statt. Ein Schiff, mit schwedischem Eisenerz beladen, traf am 3. Mai 1899 in Dortmund ein und weihte die »Kreuzung« ein.

BRÜCKE NUMMER ZWEI UND DREI Die Kanalbrücke aus dieser Zeit, heute »Alte Fahrt« genannt, hatte ihre Kapazitätsgrenze allerdings schon in den 1930er-Jahren erreicht. 1939 wurde deshalb die »Neue Fahrt« eröffnet. Die Alte Fahrt diente bis 1990 noch als Reserve, wurde dann aber durch einen Damm vom Kanal abgetrennt. Doch auch der Nachfolgebau erfüllt inzwischen die heutigen Ansprüche nicht mehr. Sie wird derzeit durch eine dritte Brücke wenige Meter emsabwärts ersetzt. Der Trend geht auch in der Binnenschifffahrt hin zu längeren Schiffen und Schubverbänden. Seit den 1990er-Jahren werden auf dem Rhein Containerschiffe mit einer Länge von 135 Metern bei 17 Metern Breite eingesetzt. Schubverbände erreichen dort bereits eine Länge von 269 Metern und eine Breite von fast 23 Metern. Um konkurrenzfähig mit anderen Standorten zu bleiben, müssen in der Folge Binnenhäfen und Wasserwege den größeren Schiffstypen angepasst werden. Außerdem nagt der Zahn der Zeit an der Bausubstanz – der Stahl von Brücke zwei war nach 90 Dienstjahren spröde geworden.

RELIKTE IM BLICK Über die Kanalbrücke und um das nördliche Kanalbecken herum führt ein Fuß- und Radweg. Von dort aus ist die bauliche Struktur des Beckens der alten Brücke gut zu erkennen. Der Boden war aus

Ziegelsteinen gebaut, das Muster der Steine ist auf dem bewachsenen Grund gut sichtbar. Auch die Mauern waren geziegelt, jedoch mit Beton überzogen. Die vier tragenden Bögen und die schmuckvolle Außenseite der Brücke wurden aus Ibbenbürener Sandstein errichtet. Das ist vom Kopfende der Brücke aus oder auch von unterhalb (dort führt ein Weg hinunter zum Emsufer) gut zu erkennen. Ein weiteres Relikt aus alten Zeiten befindet sich im komplett mit Gras bewachsenen Kanalbecken nördlich der Brücke. Es ist das genietete Sperrtor mit Bedienmechanik. Das ehemalige Dienstgebäude, das heute bewohnt ist, befindet sich direkt daneben. Im Zweiten Weltkrieg verhinderte das Tor ein Auslaufen des Kanalwassers, als im Jahr 1940 die »Alte Fahrt« von fünf Bomben getroffen wurde. Sie sollten eigentlich die »Neue Fahrt« zerstören, trafen jedoch die alte Kanalbrücke.

Vertiefungsangebote

Über die Brücke führt der »Ems-Radweg«, der auf einer Strecke von 375 Kilometern die Emsquelle bei Paderborn mit der Mündung in Emden verbindet. An der Kanalbrücke verläuft er ein Stück auf münsterschem Stadtgebiet und führt weiter nach Greven und Emsdetten. Apropos Greven: Das Stadtmarketing Greven bietet eine ca. eineinhalb Stunden dauernde Führung »Auf den Spuren der Kanalbauer« an (greven-marketing.de).

Der Ems-Radweg führt mehr als 375 Kilometer am Fluss und auch an der alten Emsbrücke entlang.

Lehrt in Emsdetten Passanten das Fürchten: der »Teinuhrshund« am Sagenbrunnen

28

WENN GRUSELGESCHICHTEN GESICHTER BEKOMMEN

Der Emsdettener Sagenbrunnen

Von Kopflosen, Hexen, dem Venn-Mütterchen und einem Ungetüm der zehnten Stunde: Skulpturen des Emsdettener Sagenbrunnens zeigen die unheimlichen Gestalten der »Herdfeuergeschichten«.

Adresse Sagenbrunnen Sandufergasse 7, 48282 Emsdetten, Kreis Steinfurt **GPS** 52.1736, 7.5268

Adresse Emsdetter Venn Hindenburgdamm, 48282 Emsdetten, Kreis Steinfurt **GPS** 52.1894, 7.4625

Adresse Dreisteinekreuz Elbersstraße 22, 48282 Emsdetten, Kreis Steinfurt **GPS** 52.1793, 7.5332

Anfahrt Mit der Bahn bis Emsdetten (Regionalbahn ab Münster oder Rheine), mit dem Auto über die A 1, bis Greven und weiter über die B 481 oder bis Ladbergen und weiter über die B 475

GESCHICHTENZEIT Spukgeschichten von bösen Mächten, Hexen, Teufeln und anderen schrecklichen Gestalten – sie waren beliebt im Münsterland. Man erzählte sie sich wohl an langen Winterabenden, wenn der Wind übers Dach pfiff und durch die Fensterkreuze heulte und im Ofen das Feuer knisterte. Viele dieser Geschichten sind in der alten Sprache des Münsterlandes, dem Münsterländischen Platt, verfasst, das heute nur noch wenige Menschen sprechen oder verstehen. In Emsdetten ist einigen dieser Geschichten ein Brunnen gewidmet: der Sagenbrunnen. Schon die Figuren jagen einem Angst und Schrecken ein: der zähnefletschende *Teinuhrshund* (Zehn-Uhr-Hund), das unheimliche *Vienmörken* (Venn- oder Moor-Mütterchen) oder die vom Teufel verfluchten Männer vom *Dreisteenenkrüs* (Dreisteinekreuz). Fast fröhlich-jugendlich erscheinen im Vergleich dazu die Hexen, doch auch sie, so sagt man im Münsterland, waren zu bösen Taten fähig.

DER TEINUHRSHUND Pechschwarz wie die Nacht soll er gewesen sein. So ganz genau gesehen hat ihn aber niemand. Auch besser so, denn wer ihn hinter sich wusste und sich nach ihm umdrehte, bekam einen dicken Kopf. Also flüsterten sie: »*He gaiht wier um*«, wenn er sein Unwesen trieb. Dass er auch zwei böse Augen und einen feurigen Blick hatte, wusste aber in Emsdetten jeder: »*twee Augen äs ne füerige Klucke!*« Abends gegen zehn zog er mit einer rasselnden Kette zu seinem »Hunnebaum«, während daheim alle warteten, bis der Spuk vorbei war. Eines Tages endlich traute sich ein mutiger Recke, ihn einzufangen. Er lauerte dem bösen Tier auf und spann es mit einer List anstelle des vierten Rades unter seinen Wagen. Dann trieb er die Pferde an, und im Galopp ging das seltsame Fuhrwerk durch bis zur Bauernschaft Brook. Um wieder freizukommen, habe der *Teinuhrshund* einen Pakt mit seinem Bezwinger geschlossen. Er dürfe jedes Jahr einen Hahnenschritt näher an die Stadt herankommen. Damals schien das sicher genug, inzwischen aber ist es viele Jahre her. Wer weiß also schon genau, wie viele (oder wenige) Hahnenschritte heute nur noch fehlen bis zu seinem »Hunnebaum«?

IN DER JOHANNISNACHT Auch ein Mann mit abgetrenntem Kopf wurde immer mal auf einem alten Weg zur Bauernschaft Ahlintel gesichtet, berichtet eine andere Geschichte. Um die Johannisnacht sei er dort rastlos gewandelt, als wolle er ein Ziel erreichen, seinen Kopf in der Hand haltend. Zwar habe die traurige Gestalt niemandem auch nur ein Haar gekrümmt, doch brachte sie die Hunde zum Jaulen und die Pferde scheuten, wenn sie ihrer gewahr wurden. Über die Jahre wurde der Kopflose zwar immer seltener gesichtet; dennoch wagten sich die Menschen um Johanni noch lange nicht hinaus bei Ahlintel, auf dem Weg des geköpften Mannes.

DAS VIENMÖRKEN Das Emsdettener Venn war einst ein großes Hochmoor im Nordwes-

Achtung, Kinder! Das »Vienmörken« lockt Euch ins Moor!

ten von Emsdetten, wo über viele Jahrhunderte Moor abgebaut wurde. Heute ist es fast komplett trockengelegt. Häufig liegt es verwunschen im Nebel. In früheren Zeiten lockte es die Kinder häufig ins Moor, da dort besonders prächtige Blumen wuchsen und sie dort gern auf die Jagd nach Eidechsen gingen, auch wenn die Eltern warnten: *»Dat Vienmörken haalt di!«* Das Venn-Mütterchen, so die Sage, würde hinter einem Stapel Torf auf die Kinder warten und sie einfangen. Hinter einer Birke spannte es seine feinen Schleier auf, um – wer weiß es schon so genau, die Kinder vielleicht auch hinaus ins schwarze Moorwasser zu locken, von wo sie nicht mehr heimkehrten? Tatsächlich sieht man noch heute die Netze des Vienmörkens im Röhricht, wie sie im Sonnenlicht glitzern, wenn Tautropfen sich in den Fäden fangen. Oder sind es doch nur die Netze der Spinnen?

HEXEN HEXEN Natürlich dürfen in ordentlichen Spukgeschichten Hexen und der Teufel nicht fehlen. Hier im Münsterland tanzten die Hexen in alten Zeiten gerne Ringelreih zu dritt. Sie trafen sich am *Blomerts Guott*, kreischten wild und tanzten ganze Nächte durch. Einem Mann, der sie heimlich dabei beobachtete, sollen sie Gesicht und Hände zerkratzt und seine Jacke gestohlen haben … Diese wurde allerdings am folgenden Tag neben einer leeren Flasche Fusel in einer Brombeerhecke gefunden. War alles also nur die Ausrede eines Trunkenboldes? Mit seiner Geschichte ist der Mann jedenfalls nicht allein, es gibt noch weitere Zeugen der bösen Hexenmagie und weitere Orte ihres wilden Treibens. Die Emsdettener Schützen beispielsweise feiern am dritten Tag des Schützenfestes den *Hexenschüttenbeer*. Ihr Schützenplatz soll einst der Hexenlock, ebenfalls ein Tanzplatz der Hexen, gewesen sein und ihr Torfvogelschießen die Hexen vertrieben haben. Aber was weiß man schon genau?

SIEBEN JÜNGLINGE UND DER TEUFEL Sieben junge Männer freiten einst um die wunderschöne Elisabeth Marie. Die aber wollte sich für keinen entscheiden, sondern trieb ihr Spiel mit ihnen. Das freute den Teufel, und er schickte seine drei Kinder, den Neid, die Eifersucht und den Streit, zu den Jünglingen, um sich ihrer zu bemächtigen. Am Ort, wo einst drei Kreuze standen, dem *Dreisteenenkrüs*, fielen die sieben übereinander her und töten einander, denn keiner gönnte dem anderen die Liebe der schönen Jungfrau. Und Elisabeth Marie? Nun um alle ihre Freier beraubt, warf sich das junge Mädchen aus Trauer auf die sieben Leiber und starb mit ihnen. Nur der Teufel war zufrieden mit seinem bösen Spiel.

DER SAGENBRUNNEN Alle Figuren des Sagenbrunnens entstammen den »Herdfeuergeschichten«, einer Sammlung von gruseligen Sagen aus Emsdetten und benachbarten Dörfern. Gesammelt und aufgeschrieben hatte sie Pfarrer Josef Achterfeld, und im Jahr 1983 erschienen die Geschichten in einem Buch. Der Brunnen in Emsdetten wurde vom Künstler Herbert Dauberspeck gestaltet und 1985 aufgestellt.

Stadtführungen

Das Stadtmarketing bietet Stadtführungen auf den Spuren der Sagengestalten an. Und damit niemand im Schlaf von den gruseligen Gestalten verfolgt wird, bekommt jeder Teilnehmer zum Abschluss ein Elixier gegen Tod und Teufel gereicht. Im Emsdettener Venn wird außerdem ein interessanter Lehr- und Erlebnispfad angeboten (emsdettener-venn.de). Unter dem Menüpunkt »Schrecken im Venn« finden sich allerdings keine weiteren Gruselgeschichten, sondern vielmehr Informationen über dort lebende Heuschrecken.

Ist das der (fast) kopflose Nick?
Nein, nur der Wiedergänger von Ahlintel! Und nur in der Johannisnacht …

29

AUSGEDAMPFT

Das Bahnbetriebswerk mit dem Ringlokschuppen Rheine

Nur um wenige Minuten hat Rheine einen historischen Moment verpasst. Am Bahnbetriebswerk endete die vorletzte reguläre Dienstfahrt der Deutschen Bahn unter Dampf.

Adresse Ringlokschuppen Am Kombibahnhof, 48432 Rheine, Kreis Steinfurt
GPS 52.2496, 7.4597

Adresse Dampflok am Bahnhof Salzbergen Bahnhofstraße 2a, 48499 Salzbergen, Kreis Emsland
GPS 52.3232, 7.3500

Anfahrt Mit der Bahn bis Rheine (IC-Anbindung ab Münster, Osnabrück, Bad Bentheim und Emden); mit dem Auto über die A 30 bis Rheine, weiter über Landstraße, oder über die A 1 bis Greven und weiter über die B 481

Leerstand im Schuppen:
Die letzte Dampflok ging 1977 von hier auf große Fahrt.

Vom Radweg an der Bahnstrecke sind Einblicke in den Lokschuppen möglich.

DER LETZTE DAMPFZUG Das Bahnbetriebswerk Rheine diente im Jahr 1977 als Bühne eines historischen Ereignisses: Im September wurde hier die offizielle Feier der Deutschen Bundesbahn zum Ende des Dampfzeitalters begangen. Eisenbahnfans aus aller Welt reisten an. Es gab Sonderfahrten, Fahrzeugausstellungen und Versteigerungen von Erinnerungsstücken. Die letzte offizielle Fahrt unter Dampf fand einen Monat später statt, am 26. Oktober 1977, allerdings nicht in Rheine – hier endete »nur« die vorletzte Fahrt eines Dampfzuges. Eine auf Ölfeuerung umgebaut Lokomotive der Baureihe 043, sechsachsig und mit vierachsigem Tender, 110 Tonnen schwer und 22 Meter lang, kam nach ihrem Dienst gegen Mitternacht im Bahnbetriebswerk an und wurde dort außer Betrieb genommen. Heute ist sie am Bahnhof von Salzbergen, einem Nachbarort von Rheine, der schon zu Niedersachsen gehört, ausgestellt. Eine andere Lok der gleichen Baureihe fuhr ebenfalls gegen Mitternacht vom 26. auf den 27. Oktober ein, allerdings im Betriebswerk Emden und möglicherweise nur wenige Minuten später als ihre Schwester in Rheine. Sie gilt heute als letzte Dampflok der Deutschen Bahn im Betrieb und ist vor dem Emder Hauptbahnhof ausgestellt. Per Gesetz endete der Dampfbetrieb der Bundesbahn offiziell am 27. Oktober 1977. Die letzte Personenfahrt hatte bereits am 23. Oktober 1977 auf einer kompletten Strecke stattgefunden – von Rheine über die Emsland-Strecke nach Emden und zurück. Eingesetzt worden war ein Sonderzug der Deutschen Gesellschaft für Eisenbahngeschichte mit einer auf Ölfeuerung umgebauten Lokomotive der Baureihe 041. Aufgrund von Verzögerungen der Elektrifizierung der Emsland-Strecke und zu wenigen verfügbaren Diesellokomotiven war die Strecke zwischen Rheine und Emden die letzte gewesen, auf der Dampflokomotiven eingesetzt wor-

Bisher gibt es keine Pläne für eine zukünftige Nutzung des trostlos wirkenden Geländes.

den waren. Die Deutsche Reichsbahn hingegen fuhr sogar noch bis 1988 mit Dampflokomotiven im regulären Verkehr, die letzte im Oktober 1988 am Bahnbetriebswerk Halberstadt.

KÖNIGLICH HANNÖVERSCHE EISENBAHNEN Begonnen hat die Geschichte des Bahnbetriebswerks Rheine im Jahr 1856. Zwei Jahre zuvor hatten die Königlichen Hannöverschen Staatseisenbahnen die Hannoversche Westbahn (ja, Erstere mit ö, Letztere mit o) – zunächst von Emden bis Papenburg – eröffnet. 1856 wurde auch Rheine angeschlossen. Der erste Lokschuppen an dieser Stelle war ein Reparaturschuppen des Personenbahnhofs Rheine. 1890 wurde er auf acht Stände mit Kohlelager, Bühne und einer 18-Meter-Drehscheibe erweitert. Seine heutige Form bekam das Gebäude wohl bei einem Umbau im Jahr 1927. Die Anlage wurde allerdings im Zweiten Weltkrieg fast vollständig zerstört. 1951 aber erneut aufgebaut. Der reguläre Betrieb konnte erst 1956 wieder aufgenommen werden, nachdem alle Gleisanlagen hergestellt waren. Wenige Jahre nach dem Ende des Dampfzeitalters, 1983, wurde der Betrieb eingestellt. Der Ringlokschuppen in Rheine ist das letzte Überbleibsel eines großen Rangierbahnhofs. In aktiven Zeiten hatte der Bahnhof eine Abmessung von 3,9 Kilometer Länge und Gleisanlagen von bis zu 150 Meter Breite. Heute befindet sich auf dem Gelände entlang der Bahnstrecke Rheine–Münster ein Gewerbegebiet.

DER LOKSCHUPPEN ist inzwischen sehr baufällig, sichernde Maßnahmen wurden weder von der Deutschen Bahn noch vom heutigen Besitzer, der Immobilienverwaltung des Bundes, eingeleitet. Das Betreten der Anlage ist aufgrund der Baufälligkeit deshalb lebensgefährlich, ein Bauzaun versperrt den Zugang. Doch entlang eines Rad- und Fußweges sind gute Einsichten in das Gebäude möglich. Der Weg ist von der Hovekampstraße oder der Straße Am Kombibahnhof erreichbar. Er führt hinter dem Lokschuppen her bis zu Straße Schippbrock. Die offene Rückseite des Gebäudes ermöglicht vom Weg aus die Sicht ins Innere. Dort sind noch die Lokstände und Verläufe der Gleise zu erkennen. Auch zwei Nebengebäude mit eingeschlagenen Fenstern und eingestürzten Dächern können vom dort betrachtet werden.

Nicht am Rhein

Wer den Namen Rheine hört und nicht weiß, wo die Stadt liegt, verortet sie vermutlich nicht im nördlichen Münsterland, sondern an einem großen deutschen Fluss ähnlichen Namens weiter südwestlich. Der Name der Stadt geht allerdings auf einen Königshof aus dem 8. oder 9. Jahrhundert zurück, der »Villa Reni« hieß. Der Begriff könnte aus dem Keltischen stammen und »schnell fließen« bedeuten, denn die Villa Reni liegt oberhalb einer engen Stelle der Ems mit hoher Stromgeschwindigkeit. Heute trägt sie den Namen Falkenhof und beherbergt das Museum für Stadtgeschichte.

Auch wenn es verlockend ist:
Das Gebäude auf keinen Fall betreten, es ist einsturzgefährdet!

Der Hexenweg führt von der Altstadt geradewegs hinauf zur Ruine der Tecklenburg.

30

AUF DEN SPUREN ALTER GESCHICHTEN

Der Hexenpfad von Tecklenburg

Eine Rundwanderung enthüllt die Schönheiten des Teutoburger Waldes – mit Zwischenstopps auf einer Burgruine und an weiteren geheimnisvollen bis unheimlichen Orten.

Adresse Marktplatz Markt 7, 49545 Tecklenburg, Kreis Steinfurt **GPS** 52.2196, 7.8119

Adresse Burgruine/Hexentanzplatz Am Herrengarten 4, 49545 Tecklenburg, Kreis Steinfurt **GPS** 52.2195, 7.8097

Adresse Hexenküche Am Weingarten, 49545 Tecklenburg, Kreis Steinfurt **GPS** 52.2184, 7.8065

Adresse Rolandsgrab Haus Hülshoff 4, 49545 Tecklenburg, Kreis Steinfurt **GPS** 52.2205, 7.7955

Anfahrt Mit dem Bus bis Tecklenburg Stadt (Regionalbus ab Ibbenbüren und Lengerich); mit dem Auto über die A 1 bis Lengerich und weiter über Landstraßen

ZAHLREICHE LOST & DARK PLACES Am Marktplatz der mittelalterlichen Fachwerkstadt Tecklenburg beginnt ein knapp fünf Kilometer langer Rundweg, der zu sagenhaften Orten führt … und gleichzeitig durch die beeindruckende Landschaft am Hang des Teutoburger Waldes mit weiter Aussicht auf die Ebene des Münsterlandes. Und weil das noch nicht genug ist, liegt entlang der Strecke auch noch die Ruine der einst stolzen Tecklenburg samt manch weiterem verlassenen Ort.

NÄCHTLICHER TANZPLATZ Durch das Torhaus Legge geht es als Erstes hinauf zur Burgruine. Von der Burg sind noch das feste Mauerwerk und der 1887 wieder errichtete Wierturm erhalten, der nach Doktor Jan Wier benannt wurde, der im 16. Jahrhundert Leibarzt der Gräfin Anna war. Die alte Burg liegt direkt oberhalb der Stadt und bietet einen schönen Ausblick auf die Altstadt. Der Weg ist mit kleinen Hexensymbolen ausgezeichnet. Er führt an der Burgmauer entlang und über den Innenhof, wo sich heute eine Freilichtbühne befindet. Auf jeden Fall ist Vorsicht geboten, denn hier könnten immer noch geheime Kräfte wirken. Früher sollen sich an diesem Platz nämlich die Hexen zum Tanz getroffen haben. Am Wierturm führen Treppen den Burghang hinunter, zunächst zum Parkplatz »Münsterlandblick« und weiter unterhalb zur beeindruckenden Felsenformation »Hexenküche«, auch Teufelsklippe genannt.

Einfach dem Symbol folgen:
Die Hexe auf dem Besen weist den Weg.

VON HEXEN UND DEM TEUFEL An der Hexenküche soll der Graf von Tecklenburg einst um Mitternacht, nachdem er wildes Gekreische vernommen hatte, von Hexen verzaubert worden sein und fiel augenblicklich an Ort und Stelle in eine todesähnliche Starre. Als ihn am nächsten Morgen seine Diener fanden, hielten sie ihn für tot und brachten ihn in die Burg hinauf. Die Gräfin aber wusste um das Treiben der Hexen an den Felsen und war sicher, dass ihr Gatte nicht tot, sondern »nur« verhext sei. In der folgenden Nacht kleidete sie sich also in ein weißes Gewand und machte sich um Mitternacht auf den Weg zur Hexenküche. Als ihr dort der Teufel erschien und sie mit Grimassen und wüsten Beschimpfungen bedrohte, ließ sie sich nicht stören. Die Gräfin sank auf ihre Knie und betete mit Inbrunst. Der Teufel schnaufte und stampfte mit seinem Pferdefuß wütend auf den Felsen, der daraufhin zerbarst. Er fiel hinab in die Schlucht und wurde fortan nicht mehr an diesem Ort gesehen. Und als die Gräfin auf die Burg zurückgekehrt war, war der Fluch der Hexen gewichen und der Graf wieder gesund und munter.

Wurde 1887 wiedererrichtet: der Wierturm, eine weithin sichtbare Landmarke

ALLEIN IN DER GRUFT Auch die nächste Station der Wanderung hält eine unheimliche Geschichte bereit. In einer Grotte, etwas abseits des Weges, befindet sich das Grab der belgischen Familie Roelant, die im 19. Jahrhundert den Hof Hülshoff gekauft hat. Als ein Handwerker den Auftrag erhielt, mit seinem Lehrling die Särge im Mausoleum neu zu streichen, war es am Knaben, den letzten Sarg alleine zu streichen. Der Meister verließ die Gruft, ohne zu bemerken, dass er die Tür ins Schloss hatte fallen lassen. Den Schlüssel aber hatte nur er … Als der Lehrling, den es in der Gruft ohnehin schon gegruselt hatte, endlich mit seiner Arbeit fertig war und gehen wollte, stand er vor der verschlossenen Tür, eingesperrt und alleine mit den toten Ahnen der Familie Roelant. Nachdem der Junge zur üblichen Zeit nicht nach Hause gekommen war, gingen seine Eltern auf die Suche, doch erst spät in der Nacht kam ihnen die Idee, dass er noch im Mausoleum sein könnte. Als sie mit dem Meister dort eintrafen, fanden sie nur noch seinen leblosen Körper in der Ecke. Die Angst vor einer einsamen Nacht an diesem gruseligen Ort hatte dem Jungen den Tod gebracht … zumindest erzählt man sich diese Geschichte so in Tecklenburg.

BLUTIGE RITUALE Wenn man dem Hexenpfad aus dem Tal den Berghang hinauf folgt, erreicht man den Heidentempel. Hier ist wirklich Vorsicht geboten, denn es besteht besonders bei nassem Wetter Rutschgefahr! Der »Tempel« ist wie schon die Hexenküche eine Felsformation. Sie lag weit genug außerhalb der Stadt, sodass Anhänger germanischer Götter sich hier unbemerkt versammeln konnten, um ihre Rituale zu zelebrieren. Ein Priester soll hier Tieropfer dargebracht haben. Dabei legte er das Tier, meist ein Pferd, auf den Fels und durchtrennte seine Kehle. Das Blut floss in Rinnen am Stein hinab, die auf einigen der herumliegenden Felsen noch zu sehen sein sollen.

LEERSTÄNDE Vom Heidentempel führt der Hermannsweg auf dem Bergkamm zurück nach Tecklenburg – wer möchte, mit Zwischenstopp an einer historischen Wallmauer, die wieder hergestellt wurde. Interessant sind noch weitere leer stehende Gebäude: An der Schloßstraße/Ecke Brochterbecker Straße steht ein Haus, das ein Schild als ehemaliges Verwaltungsgericht ausweist. Am interessantesten ist aber wohl das ehemalige Parkhotel Burggraf an der Straße Meesenhof, in der Nähe des Parkplatzes Münsterlandblick. Es steht seit 2002 leer. Obwohl ein niederländischer Investor hier drei Appartementgebäude geplant haben soll (so berichtete es die Lokalzeitung), weist derzeit nichts auf Bautätigkeiten hin – außer einem Bauzaun, der das Gelände abgesperrt.

Info-Tipp

Zum gesamten Hexenpfad gibt es Informationen beim Stadtmarketing am Marktplatz von Tecklenburg, also direkt am Startpunkt des Rundweges. Dort kann man sich auch einen Pocket-Guide mit spannenden Geschichten zum Hexenpfad ausleihen. Für Kinder gibt es die illustrierte Geschichte der Kleinen Hexe Loki Lockenkopf, die entlang des Pfades Abenteuer erlebt. An vielen Stationen des Hexenpfades kann eine Episode der Geschichte mit dem Smartphone über einen QR-Code aufgerufen werden. Im Anschluss an die Wanderung lohnt sich auf alle Fälle ein Rundgang durch das pittoreske Bergstädtchen mit vielen Möglichkeiten zur Einkehr (tecklenburg-touristik.de).

Altes Hotel am Wegrand: das Parkhotel Burggraf

Beeindruckende Felsformation an der Hexenküche (oder Teufelsklippe)

31

STEINKOHLEN-REKORDE

Die Spuren des Bergbaus in Ibbenbüren

Der tiefste Steinkohleschacht Europas ... Das nördlichste Revier im Land ... Am längsten in Betrieb ... Seit dem 15. Jahrhundert wurde in und um Ibbenbüren Steinkohle abgebaut – mit heute noch markanten Relikten.

Adresse Von Oeynhausenschächte Osnabrücker Straße 112, 49477 Ibbenbüren, Kreis Steinfurt
GPS 52.2873, 7.7361

Adresse Morgensternschacht Morgensternstraße, 49492 Westerkappeln, Kreis Steinfurt
GPS 52.2790, 7.8221

Adresse Nordschacht Mettingen Zum Nordschacht, 49497 Mettingen, Kreis Steinfurt
GPS 52.3000, 7.771

Adresse Notbergbau Perm Permer Straße 140, 49479 Ibbenbüren, Kreis Steinfurt
GPS 52.2699, 7.8005

Anfahrt Mit der Bahn bis Ibbenbüren (Regionalbahn ab Osnabrück oder Rheine), mit dem Auto über die A 1, bis Ibbenbüren oder Laggenbeck und weiter über Landstraßen

Jede Menge Parkplätze, die aber ungenutzt bleiben: Der Nordschacht in Mettingen steht seit 2018 still.

GUT ZU ERSCHLIESSEN Ganz im Süden, an der Lippe, und ganz im Norden, an den Hängen des Teutoburger Waldes, wird im Münsterland Bergbau betrieben. Im Süden geschah dies erst, nachdem der Ruhrbergbau immer tiefere Vorkommen erschließen musste. In und um Ibbenbüren hingegen hatte der Bergbau zu dieser Zeit bereits eine lange Tradition. Beide Vorkommen sind geologisch bedingt, die Steinkohle gelangte durch die Auffaltung in höhere Schichten, im Teutoburger Wald ebenso wie in den Ausläufern des Sauerlandes im Ruhrtal. Das Steinkohlevorkommen war deshalb für den Bergbau einfacher zugänglich als in anderen Gebieten des Münsterlandes.

Ein »Neubau« am Notbergwerk Perm aus dem Jahr 1951

JEDE MENGE KOHLE Bereits im 15. Jahrhundert wurde rund um Ibbenbüren Steinkohle abgebaut. Das Bergwerk Anthrazit war sowohl die nördlichste Zeche Deutschlands als auch diejenige, die das schwarze Gold am längsten gefördert hat. Den Höhepunkt der Kohleförderung erreichte das Ibbenbürener Revier zwischen 1950 und 1974. Es wurden jährlich über zwei Millionen Tonnen Steinkohle gefördert, fast 8000 Beschäftigte arbeiteten 1957 direkt beim Bergwerkbetreiber. Später, zwischen 1975 und 2018, blieb die Fördermenge zwar noch ähnlich hoch, doch die Zahl der Beschäftigten ging schon deutlich zurück auf zuletzt etwas mehr als 2000. Die hochwertige Anthrazitkohle wurde größtenteils vom benachbarten Kraftwerk in Strom umgewandelt. Anthrazitkohle weist den höchsten Kohlenstoffgehalt überhaupt und die geringsten Verunreinigungen auf. Erst Ende 2018 wurde die Geschichte der Zeche abgeschlossen, 2021 schließlich war der letzte Schacht verfüllt. Einige Anlagen wurden seither bereits zurückgebaut, doch viele

Wasserturm und Förderturm am Oeynhausenschacht in Ibbenbüren – die Zeche Anthrazit förderte Steinkohle noch bis zum Jahr 2018.

markante Fördertürme und Schachtanlagen sind noch vorhanden. In Ibbenbüren kann man zum Beispiel entlang der Osnabrücker Straße zwei Fördertürme, einige Hallen und den Wasserturm direkt an der Straße neben dem Kraftwerk sehen – und das ist längst noch nicht alles. In der Nähe sind mehr als ein Dutzend weitere Überbleibsel der Bergbaugeschichte zu finden: einige Kilometer weiter östlich, schon auf Westerkappelner Gemeindegebiet, der Schacht Morgenstern, in Mettingen ein größeres Areal um den Schacht Nordstern und am Südhang des Teutoburger Waldes das Notbergwerk Perm.

VON OEYNHAUSENSCHÄCHTE Noch bis zur Mitte des 19. Jahrhunderts konnte in der Zeche Anthrazit in sogenannten Erbstollen die Kohle oberflächennah abgebaut werden. Erst ab 1860 wurden die Von Oeynhausenschächte betrieben. Bis 1989 besaß Ibbenbüren mit einer Schachttiefe von 1598 Metern die tiefste Schachtanlage Europas für Steinkohle. Dann lief das Bergwerk Haus Aden in Bergkamen Ibbenbüren diesen Rang mit einer Tiefe von 1635 Metern ab und ab 1997 das Saarland mit 1751 Metern. Nur im Erzgebirge wurde in Deutschland tiefer gefördert, allerdings im Uranbergbau. In Aue erreichte dieser eine Schachttiefe von 1838 Metern. Bei der Schließung der Zeche Anthrazit am 4. Dezember 2018 war sie die vorletzte aktive Zeche in Deutschland, doch nur zwei Wochen später stellte auch Prosper Haniel in Bottrop die Förderung ein. Die Gründe für die Schließung waren vielfältig – etwa günstige Importsteinkohle, die in China und Australien teilweise im Tagebau gefördert werden kann, auch die abnehmende Bedeutung der Kohle in der Stromerzeugung … und die wachsende Konkurrenz von russischem Gas.

WEITERE ANLAGEN Einige Kilometer nördlich von Ibbenbüren, in Mettingen, wurden im Nordschacht ab dem Zweiten Weltkrieg tiefere Sohlen abgebaut – 1953 bis zu 571 Meter Tiefe, ab 1960 bis 808 Meter und in den 1980er-Jahren mehr als 1500 Meter. Bereits im 16. Jahrhundert startete auch die Kohleförderung in Westerkappeln im Morgensternschacht, zu dieser Zeit in einer Tiefe von 88 Metern. Der gemauerte Schachtturm stammt aus den 1940er-Jahren. Hier wurde die Kohleförderung bereits 1979 beendet. Eine der interessantesten Anlagen ist aber der Notbergbau Perm. In direkter Nachbarschaft zu einem Pferdehof gelegen, sind heute noch ein Trafohaus und der Kohlebunker erhalten. Auf dem Gelände des Pferdehofes wurden zwischen 1741 und 1921 Steinkohle sowie Eisen-, Blei- und Zinkerze abgebaut. Als nach dem Zweiten Weltkrieg die Kohle knapp wurde, errichtete man einen Notschacht, um die Restmengen der Steinkohle fördern zu können. Von den ursprünglichen Gebäuden aus der Zeit vor dem Zweiten Weltkrieg sind hingegen leider keine mehr erhalten.

Wandern im Kohlerevier

Der Naturpark Terra Vita hat eine Bergbauwanderroute erstellt, die an vielen der hier beschriebenen Orte entlangführt. Gute Kondition ist gefragt, denn es geht durch die höchsten Erhebungen des Münsterlandes. Ein Informationsschild mit der Wegführung steht beispielsweise am Morgensternschacht. Auch das Stadtmarketing von Ibbenbüren bietet ausgearbeitete thematische Wanderrouten durch das Kohlerevier an (Routeninformationen unter stadtmarketing-ibbenbueren.de/ oder geopark-terravita.de).

Die Schachtanlage aus Ziegelstein am Morgensternschacht in Westerkappel

Der NATO-Tarnanstrich erinnert an alte Zeiten;
heute ist hier aber der Naturschutz zu Hause.

32

VOM FLUGPLATZ ZUM NATURPLATZ

Der ehemalige Militärflughafen Hopsten

30 Jahre nach seinem Entstehen wurde aus einem kleinen Feldflugplatz ein Fliegerhorst der NATO, für dessen Starfighter sogar Atomsprengköpfe bereitlagen. Heute hat hier die Natur wieder Einzug gehalten.

Adresse Fliegerhorst Hopsten Einhofstraße, 48477 Hörstel, Kreis Steinfurt **GPS** 52.3512, 7.5326

Adresse Munitionslager Uthuisen Ostenwalder Weg 22, 48432 Rheine, Kreis Steinfurt **GPS** 52.3087, 7.5176

Anfahrt Mit der Bahn bis Hörstel (Regionalbahn ab Osnabrück oder Rheine); mit dem Auto über die A 30 bis Hörstel und weiter über Landstraßen

LANDEPLATZ FÜR INSEKTEN Ein offener Sandmagerrasen, wo einst Düsenjäger zum Starten anrollten, Glatthaferwiesen, auf denen Signalleuchten den Weg wiesen, und Baumpieper zwischen Hangars und Wachhäuschen … Der ehemalige Militärflughafen Hopsten ist heute ein 196 Hektar großes Naturschutzgebiet, das sich weitestgehend unbeeinflusst entwickeln kann. Möglich wurde das durch die Schließung des Flughafens im Jahr 2006, die Entsiegelung der Rollbahn und die Übernahme des Geländes durch die Deutsche Bundesstiftung Umwelt. Es ist deshalb auch für den Zugang gesperrt, außer bei öffentlichen Führungen. Doch auch von außen kann man an vielen Stellen einen guten Blick über den Zaun auf die noch vorhandenen Hangars und Gebäude werfen.

FLUGPLATZ NUMMER EINS Der Flughafen wurde 1939 als kleinerer Feldflugplatz mit einer Hauptbahn von 1800 Metern und zwei unbefestigten Bahnen von rund einem Kilometer Länge eröffnet. Da die gesamte Anlage noch auf dem Gebiet der Gemeinde Dreierwalde lag, sollte sie den Namen »Fliegerhorst Dreierwalde« bekommen. Dagegen protestierten allerdings die Einwohner, sodass zunächst auf einen offiziellen Namen verzichtet wurde. Bis 1944 wurde die Hauptbahn kontinuierlich auf eine Länge von 3000 Metern ausgebaut und erreichte schließlich auch das Gemeindegebiet von Hopsten. Dort hatte man keine Einwände gegen den Namen »Fliegerhorst Hopsten«. Im Krieg bekam der Flughafen erst ab 1944, bei der Verteidigung gegen alliierte Truppen, eine strategische Bedeutung für die Wehrmacht. Bis Kriegsende

Von außen sind einige alte Militäranlagen erkennbar, hier etwa ein alter Beobachtungsstand.

waren zwei Jagdgeschwader in Hopsten stationiert, doch im April 1945 sprengte die Wehrmacht den Fliegerhorst und überließ das Gelände den vorrückenden Alliierten. Nach dem Krieg übergab die britische Besatzung die Flächen an die Bevölkerung für eine landwirtschaftliche Nutzung.

FLUGPLATZ NUMMER ZWEI 1959 war diese Etappe jedoch wieder beendet. Mit NATO-Mitteln errichtete man einen modernen Fliegerhorst, der ab 1961 die Heimat eines Jagdbombergeschwaders war. Vier Jahre später wurden unter amerikanischer Leitung Starfighter in Hopsten stationiert, die mit taktischen Atomsprengköpfen ausgerüstet werden konnten. Zwei der Maschinen waren rund um die Uhr startbereit. Die Sprengköpfe lagerten bis 1972 im drei Kilometer entfernten Munitionslager Uthuisen, das sich nördlich der A 30 bei Rheine befand. Nach 1990 wurde Hopsten die Basis für ein Jagdgeschwader mit Phantom-II-Düsenjägern. Und noch neun Jahre später, 1999, wurde für rund sechs Millionen D-Mark ein 23 Meter hoher Tower gebaut.

AKTUELLE NUTZUNG Nur sechs Jahre später – 2005 – wurde der Flugbetrieb aber endgültig eingestellt. In einer Übergangsphase nutzte man das Gelände für Fahrsicherheitstrainings und als Abstellplatz für Lkw. Ein Zwischenspiel als Filmkulisse fand im Jahr 2009 statt, als hier Szenen für den international besetzten Fernsehfilm *Hindenburg* gedreht wurden. Inzwischen ist die Natur (s. o.) dabei, sich das Gelände zurückzuerobern. Nur im südöstlichen Teil wird derzeit eine forensische Landesklinik errichtet, und ein weiterer Teil soll als Gewerbefläche und Energiepark genutzt werden. Das ehemalige Munitionslager Uthuisen ist eingezäunt, das

Ein ehemaliges Tanklager gegenüber dem Haupttor; heute grasen hier die Rinder.

Mehrere Flugzeughangars sind auf dem Gelände gut zu erkennen. Der letzte Flieger erhob sich 2005 in die Lüfte.

Gelände wird von einem Logistikunternehmen genutzt. Drei große und mehrere kleine getarnte Lagergebäude sind auf aktuellen Luftbildern noch erkennbar.

EINBLICKE Es gibt zwei Seiten, von denen ein Blick auf das ehemalige Flugplatzgelände möglich ist. Im Nordosten ist es ein Wanderweg, der auf Karten als Flugplatzstraße zu finden ist. Und auf der westlichen Seite verläuft ein Rad- und Wanderweg über die Straßen Markengrenze und Einhofweg. Die Durchfahrt mit dem Auto ist hier zwar nicht gestattet, wenngleich sich nicht alle an diese Regelung halten. Vom Radweg aus sind hinter den Toren Flugzeughangars und Beobachtungsposten zu sehen. An der nordwestlichen Seite befindet sich der Haupteingang zum Naturschutzzentrum mit Infotafeln. Von dort ist ein Blick auf die von der Deutschen Bundesstiftung Umwelt genutzten Gebäude möglich, die teilweise noch ihren NATO-Tarnanstrich haben. Ein altes Tanklager befindet sich direkt gegenüber. Das Gelände mit einigen technischen Anlagen ist ebenfalls nicht betretbar, bei meinem Besuch wurde es als Weidefläche für Hornrinder genutzt.

Führungen

Die Deutsche Bundesstiftung Umwelt organisiert den Umbau einer 196 Hektar großen Fläche des ehemaligen Flughafengeländes. Die Rollbahn wurde entsiegelt, auf dem Gelände entstehen Lebensräume für zahlreiche Wiesen- und Waldvogelarten, beispielsweise lebt hier der seltene Große Brachvogel. Ziel ist es, das Gelände auch für Naherholung Suchende zugänglich zu machen. Derzeit ist es allerdings aus Sicherheitsgründen noch nicht gestattet, die Bundesforstverwaltung Rhein-Weser bietet Interessierten aber Führungen an (Tel. 0251/67 49-0).

33

LEERSTAND IM DORF

Das Ende der alten Dorfgaststätten-Kultur

Einen geselligen Abend im Wirtshaus verbringen? In vielen Orten im Münsterland ist das heute nicht mehr möglich. Viele Gasthäuser mussten in den letzten Jahren schließen. Zwei Beispiele von vielen ...

Adresse Gasthof Klähr Netteberger Straße 206, 59379 Selm-Netteberge, Kreis Unna
GPS 51.6746, 7.4982 **Anfahrt** Über B 236 bis Selm-Bork, dann Netteberger Straße

Adresse Barönchen Münsterstraße 37, 48431 Rheine, Kreis Steinfurt
GPS 52.2776, 7.4408 **Anfahrt** Über B 481 bis Rheine Ortsmitte

Überlebte die Corona-Zeit nicht:
der Landgasthof Klähr in Selm-Netteberge

Einst Dorfgaststätte, später Balkan-Spezialitäten-Lokal, heute geschlossen: das Tito's in Münster-Wiedau

GASTSTÄTTENSTERBEN Die Zahlen sprechen für sich: Im Kreis Coesfeld wurde zwischen 2007 und 2017 jede fünfte Gaststätte geschlossen, im Kreis Steinfurt jede siebte. Ähnlich sah es im Kreis Borken aus, und selbst vor der Universitätsstadt Münster und ihren Stadtteilen machte das Kneipensterben nicht halt. Die Meldungen stammen aus der Zeit vor der Corona-Pandemie, die ja bekanntermaßen für weitere Schwierigkeiten und Schließungen in der Gastronomie sorgte. Allein in Selm, einer Stadt mit rund 25 000 Einwohnern im südlichen Münsterland, stehen drei Traditionsgaststätten leer, ein weiterer Landgasthof ringt gerade um eine Nachfolge. Zwei traditionelle Gasthöfe haben von der Stadt einen günstigen Pachtvertrag bekommen mit der Verpflichtung, das Kneipenangebot in den Ortsteilen aufrechtzuerhalten. Die Gaststätten erfüllen schließlich eine soziale Aufgabe im städtischen Angebot: Vereine, Familien und der traditionelle Stammtisch sollen ihren gewohnten Platz am Sonntagmittag oder Dienstagabend finden können.

DIE FRAGE NACH DEM WARUM Vermutlich führte das Zusammenspiel einer ganzen Reihe von Gründen zu diesem drastischen Einschnitt in der gastronomischen Landschaft. Einer davon: Für viele Gaststätten steht keine Nachfolge bereit, wenn Betreiber in den Ruhestand gehen. Unattraktive Arbeitszeiten machen es zunehmend schwierig und teuer, Personal zu finden. Ein weiterer: In vielen Dorfkneipen bleiben die Stammgäste inzwischen aus – sie werden immer mobiler, die Freizeitmöglichkeiten ändern sich, die Dönerbude nebenan wird zur Konkurrenz … Die Folge sind leer stehende Gasthäuser, oft selbst in bester Lage in der Mitte der Ortschaften.

WENN DIE BIERWERBUNG VERMOOST Auf meinen Fahrten zu all den in diesem Buch beschriebenen Lost & Dark Places war

Kolonialwarengeschäft und Tapas-Restaurant:
Das »Barönchen« in zentraler Lage in Rheine hat eine bewegte Geschichte.

ein leer stehendes Gasthaus ein häufiger Anblick: am zentralen Platz des 5000 Einwohner zählenden Städtchens, an der Kreuzung zwischen Ortskern und Gewerbegebiet, sogar in der Kreisstadt zwischen Fußgängerzone und Parkhaus. Alle standen leer, jedes auf seine ganz eigene Weise. Mal ist das Fassadenschild mit der Bierwerbung grün bemoost oder die Plexiglasscheibe davor brüchig, dann wiederum steht die Vitrine für die Speisekarte weit geöffnet, während die Rollläden herabgelassen sind und Grasbüschel auf den Stufen wachsen. Die letzten Überbleibsel zeugen von Versuchen, am Leben zu bleiben: als münsterländische Gaststube, Shisha-Bar, Pizzeria oder Rock-Café. Doch das Schicksal hat entschieden: dauerhaft geschlossen.

INDIVIDUELLE SCHICKSALE Die vier Beispiele stehen symbolisch für zahlreiche Gasthäuser im Münsterland. Ihre Geschichten, die zum heutigen Leerstand führten, sind sicherlich ganz verschieden. Das Barönchen war beispielsweise von 1767 bis 1810 ein florierendes Hotel und Gasthaus für einfache Leute in bester Lage in Rheine. Nach einem Umbau wurde es 1815 ein Geschäft für Kolonialwaren und später eine Gastwirtschaft unter dem Namen, der noch heute die Fassade schmückt. Bis 2013 lud es unter dem Namen »Don Conny's Barönchen« zum Besuch in ein spanisches Restaurant. Das Gebäude sieht von außen noch gut erhalten aus – vielleicht werden die Tore hier ja irgendwann einmal wieder geöffnet? Anders erging es dem Gasthaus Klähr, einer münsterländischen Traditionsgaststätte im kleinen Dorf Netteberge, das zu Selm gehört. Es musste 2020 während der Corona-Pandemie schließen und wurde danach nicht wieder eröffnet – aus persönlichen Gründen, aber auch aufgrund der unsicheren Lage für die Gastronomie in dieser schwierigen Zeit, so die ehemalige Inhaberin Margret Hettstedt, die die Gaststätte in den 1980er-Jahren übernommen hatte.

Durch die Dörfer

Augen auf! Auch wenn viele Orte eine Umgehung haben, lohnt es sich, einfach mal von der Bundesstraße abzubiegen und durch die meist sehr gepflegten Städtchen und Orte des Münsterlandes zu fahren. Ein leer stehendes Gasthaus findet sich dabei in vielen der Orte. Und wenn es noch das alte, traditionelle Gasthaus gibt, lohnt sich dort auch eine Einkehr. Das Angebot wird vermutlich eher traditionell deftig sein, je ländlicher, desto mehr.

Hier – »Bei Pippo« in Nordkirchen-Capelle – könnte Wohnraum entstehen.

Lange Ziegelmauern: Mitten im Wald bei Bocholt ist ein alter Schießstand aus dem Zweiten Weltkrieg versteckt (Kapitel 22).

Wurde im Zweiten Weltkrieg von einer Bombe getroffen:
das Sperrtor der Alten Fahrt des Dortmund-Ems-Kanals bei Münster (Kapitel 27)

REGISTER

Ebenfalls erhältlich ...

ISBN 978-3-7343-2551-9

Lieblingscafés, Orte zum Seele baumeln lassen, Kultur, Natur – das Münsterland hat so viel mehr zu bieten als Klischees. Entdecken Sie das Unbekannte!

BRUCKMANN

www.bruckmann.de

IMPRESSUM

Verantwortlich: Claudia Hohdorf
Lektorat: Helga Peterz
Korrektorat: Christiane Gsänger
Layout: BUCHFLINK Rüdiger Wagner
Covergestaltung: Anna Katavic
Layout- und Reihengestaltung: Mathias Frisch
Kartografie: Bruckmann Verlag GmbH, Heidi Schmalfuß
Repro: LUDWIG:media
Herstellung: Alexander Knoll
Printed in Poland by CGS Printing

★★★★★

Sind Sie mit diesem Titel zufrieden? Dann würden wir uns über Ihre Weiterempfehlung freuen.
Erzählen Sie es im Freundeskreis, berichten Sie Ihrem Buchhändler, oder bewerten Sie bei Onlinekauf.
Und wenn Sie Kritik, Korrekturen, Aktualisierungen haben, freuen wir uns über Ihre Nachricht an Bruckmann Verlag, Postfach 40 02 09, D-80702 München oder per E-Mail an lektorat@verlagshaus.de.

Unser komplettes Programm finden Sie unter www.bruckmann.de

Alle Angaben dieses Werkes wurden vom Autor sorgfältig recherchiert und auf den neuesten Stand gebracht sowie vom Verlag geprüft. Für die Richtigkeit der Angaben kann jedoch keine Haftung übernommen werden, weshalb die Nutzung auf eigene Gefahr erfolgt. Insbesondere bei GPS-Daten können Abweichungen nicht ausgeschlossen werden. Sollte dieses Werk Links auf Webseiten Dritter enthalten, so machen wir uns die Inhalte nicht zu eigen und übernehmen für die Inhalte keine Haftung.
In diesem Buch wird aus Gründen der besseren Lesbarkeit das generische Maskulinum verwendet. Weibliche und anderweitige Geschlechteridentitäten werden dabei ausdrücklich mitgemeint, soweit es für die Aussage erforderlich ist.

Empfehlung der Redaktion Sie sind auf der Suche nach weiterführender Literatur? Dann empfehlen wir Ihnen den Titel »Lost & Dark Places Ostwestfalen-Lippe« von Dagmar Macêdo.

Quellennachweis [1] https://www.skf-muenster.de/skf/verband/; [2] Aus: »Erinnerungen an Reinhild Niehues – Eine Lebensaufgabe«, zitiert in: *Westfälische Nachrichten*, 05.02.2014; [3] Landwirtschaftskammer NRW

Bildnachweis Alle Bilder stammen von Oliver Hübner mit Ausnahme von S. 88/89: Wikimedia Commons/ W. Strickling.

Umschlagvorderseite: Baumwollspinnerei Germania Gronau-Epe (Kapitel 24)
Umschlagrückseite: Die alte Tankstelle in Telgte (Kapitel 8)

Die Deutsche Nationalbibliothek verzeichnet diese Publikation in der Deutschen Nationalbibliografie; detaillierte bibliografische Daten sind im Internet über http://dnb.d-nb.de abrufbar.

ISBN 978-3-7343-2472-7